摄影记者口述及亲历

人民日报口述历史【第二卷】

主编 钱江 白贵

河北出版传媒集团
河北教育出版社

图书在版编目（CIP）数据

人民日报口述历史．第二卷，摄影记者口述及亲历 /钱江，
白贵主编．-- 石家庄 ：河北教育出版社，2019.1（2019.3 重印）
ISBN 978-7-5545-4842-4

Ⅰ．①人… Ⅱ．①钱… ②白… Ⅲ．①《人民日报》
—新闻事业史 Ⅳ．①G219.23

中国版本图书馆CIP数据核字(2018)第271748号

书　　名　摄影记者口述及亲历——人民日报口述历史（第二卷）
主　　编　钱　江　白　贵
责任编辑　杨　乐
装帧设计　于　越
出版发行　河北出版传媒集团
　　　　　河北教育出版社　http://www.hbep.com
　　　　　(石家庄市联盟路705号，050061)
印　　制　唐山市润丰印务有限公司
开　　本　787mm×1092mm　1/16
印　　张　16.75
字　　数　210千字
版　　次　2019年1月第1版
印　　次　2019年3月第2次印刷
书　　号　ISBN 978-7-5545-4842-4
定　　价　58.00元

编写委员会

目　录

《人民日报》摄影队伍的创建

◎钱　江

1949年2月2日，范长江率领的《人民日报》先遣队组成编辑部，在北平王府井大街创办了《人民日报》（北平版），标志着长期处于战争状态的《人民日报》开始了从农村编辑部到国家首都城市编辑部的转移。《人民日报》从此来到大城市办报，进入崭新的发展时期。一个重要标志，就是《人民日报》上有了新闻照片，《人民日报》摄影队伍从此建立起来。

追溯历史，《人民日报》摄影事业的先河源自战争年代。“大党报”——《人民日报》是由原先置身太行山南北两端的《晋察冀日报》和晋冀鲁豫《人民日报》两支队伍汇合而成的，其摄影队伍的源头也话分两头。

《晋察冀日报》摄影队伍十分活跃

《晋察冀日报》创刊较早，几乎经历了抗日战争全过程。聂荣臻领导的晋察冀军区政治部很早就设置摄影科，著名革命摄影家沙飞是这支队伍的领导者，曾任政治部摄影科科长兼《抗敌报》（《晋察冀日报》前身）编辑部副主任。他不仅深入战地前线拍摄新闻照片，还组建了一支有较高摄影水平的队伍，培养了一批优秀的新中国早期摄影记者，如石少华、高粮、裴植、黄朱汉等。

1940年春，《晋察冀日报》社仅有一架“蔡斯依康”照相机和一个胶卷，由记者黄朱汉携带，到战斗前线拍摄了一组新闻照片。[1]

1941 年春，《晋察冀日报》开始刊用军区摄影科提供的铜版照片。当年 4 月 17 日的《晋察冀日报》刊登了三幅照片，分别为《永远保卫晋察冀》（罗光达摄）、《聂司令员肖像》（沙飞摄）、《军民合作开展生产运动》。在当时的条件下，新闻照片只能就近印刷。因此，军区摄影科成员拍摄的照片有很多刊登在《晋察冀日报》上。

与此相应，除非遭遇侵华日军扫荡合围等极度危急的情况，只要军情相对平稳，《晋察冀日报》上就时常刊登新闻照片，勾勒出中国红色新闻史上的精彩版页。

随着对日作战中缴获照相机数量的增加，一部分《晋察冀日报》记者得到配备。先后持有照相机的记者有仓夷、张帆、雷烨、夏风（即黄朱汉）、李肖白、吴群、李希庚等（后三人配备照相机时间较晚），使《晋察冀日报》拥有一支持有照相机最多的记者队伍。

记者雷烨于 1943 年春遭遇日军包围时负伤，他命令警卫员离开，自己与敌人血战到底，最后砸碎相机，饮弹牺牲。[2]

《晋察冀日报》所在地接近京津两大城市，印刷设备较为完善，纸张供应条件也好一些。该报在战争年代刊登新闻照片的数量于敌后根据地报纸中名列前茅。从这个意义上说，除延安以外，晋察冀是培养新中国早期摄影记者最多的革命根据地。

除编辑部配备照相机，有摄影照片向版面提供之外，沙飞领导的《晋察冀画报》于 1942 年 7 月 7 日创刊，坚持出版到 1946 年 9 月，改出《晋察冀画刊》直到 1948 年 5 月 28 日（平均十二天出版一期）。画报社人员与《晋察冀日报》社的队伍经常同驻一个村子（如马兰村），有时则

[1] 晋察冀日报史研究会编，《晋察冀日报史》，人民出版社 1993 年版，第 330 页。
[2] 晋察冀日报史学会陈华于 2014 年 8 月 5 日提供的材料，参见晋察冀日报史研究会编，《晋察冀日报史》，人民出版社 1993 年版，第 617 页。

邻村而居，提供照片十分方便。

晋冀鲁豫《人民日报》的摄影是薄弱环节

晋冀鲁豫《人民日报》于1946年5月15日在邯郸创刊，其前身主要是在抗日战争中活跃在太行山南端的《新华日报》（华北版）和《新华日报》（太行版）。

相对于《晋察冀日报》，太行山南端的经济较为落后，印刷条件简陋，上述两报编辑部甚至没有照相机，报社印厂也没有印制新闻照片的条件，多刊登木刻作品以活跃版面。

曾任人民日报秘书长的郭渭告诉笔者，1946年5月，《人民日报》在邯郸创刊后，有一个战友前来看望社长兼总编辑张磐石，送给他一架德国制135徕卡相机，这或许是一个战利品。张磐石转手将这架相机交给了郭渭，吩咐他负责保管，谁要使用需由郭渭批准。这就是晋冀鲁豫《人民日报》唯一的照相机了。

晋冀鲁豫解放区比较稳固，解放邯郸后物质条件较前改善，冲洗放大设备都有了，但胶卷相当缺乏，要到国统区购买，所以拍摄的照片很少。晋冀鲁豫《人民日报》1946年5月15日在邯郸创刊时，报社没有摄影记者，好在当时晋冀鲁豫军区政治部从事摄影工作的高帆前来拍照，留下了报纸创刊时的珍贵照片。

如果晋冀鲁豫《人民日报》就在邯郸出版，印刷条件得到改善后可能刊登较多照片。但是因为战争，创刊不到两个月，报社迁移到太行山麓的武安县，印刷条件比在邯郸差多了，要印出照片来很费周折。所以晋冀鲁豫《人民日报》到1947年5月15日纪念本报创刊一周年的时候，才出版第一个整版的“画刊”，当时称为“画刊创刊”。该版刊登了十张新闻性照片。

从此之后直到晋冀鲁豫《人民日报》终刊，版面上再也没有新闻照片。从这点上说，新闻摄影是晋冀鲁豫《人民日报》的薄弱环节。

《人民日报》（北平版）新闻照片大放异彩

1948 年 6 月 15 日，华北《人民日报》在河北省平山县里庄创刊。在战争状态中，编辑部大部分人员曾因国民党傅作义军队南下进袭，一度转移到山西境内。这年 11 月中旬，编辑部搬迁到河北获鹿县（今石家庄市鹿泉区）东焦村，直到 1949 年 3 月 14 日，华北《人民日报》编辑部始终在东焦村。这段时期的《人民日报》版面上，没有出现过新闻照片。

当时，报社印厂已在石家庄附近，配备了照相制版设备，但是比较简陋，材料也跟不上，这是报纸版面上没有新闻图片的一个重要原因。另外一个原因，则是两报合并后，在相互融入的问题上有一个衔接过程，原《晋察冀日报》摄影系统的工作未能顺利进入状态。此外，在战争状态中的报纸通常只有两个版，文字稿件已经十分拥挤，对新闻照片的重视不够。

北平和平解放，范长江率领《人民日报》先遣队于 1949 年 1 月 31 日晚到王府井大街接收国民党的《华北日报》，在此基础上于 2 月 2 日创办《人民日报》（北平版）。

原《华北日报》拥有从冲洗到制版再到印刷的整套设备，范长江等人又是办报行家，一旦印刷条件具备，《人民日报》（北平版）创刊号上就有了新闻照片——毛泽东主席的肖像照片。

两天后的 2 月 4 日，“北平版”头版刊登了朱德总司令较大的肖像照片，同时刊登了彭德怀、林彪、罗荣桓和聂荣臻四位将军的照片。2 月 5 日，“北平版”辟出整版《人民画刊》专刊，刊登了反映北平解放的十五张新闻照片，摄影者是韦明、郎琦。

《人民画刊》的主编，亦为刚刚成立的美术组组长蔡若虹，是出自延安鲁艺的著名画家，他的助手是刚刚从北京大学调来的年轻编辑夏雨（后任《云南日报》总编辑）。

夏曆己丑年二月十八日 廿二春分

人民日報

中華民國卅八年三月十七日 星期四

第二七二號

社址：北平王府井大街一一七號

華北大學啓事

北平聯合招生辦事處通告

通訊往來

本報通聯科

社論

把消費城市變成生產城

平津被服總廠工人

展開競賽產量提高

工人積極學習生活愉快

石莊公營酒廠

竟違法購糧銷酒

1949 年 3 月 17 日的《人民日报》上首次出现了新闻摄影照片

《人民日报》（北平版）至 3 月 14 日终刊，共出版四十一天，共出版十一次“画刊”，1949 年 3 月 17 日的《人民日报》上初次出现了新闻摄影照片。平均每三天多出版一次，画刊中总共刊登了一百三十四幅照片和八幅漫画。此外还刊登“二七纪念大会专号”等图片新闻版多次，由此形成了《人民日报》上刊登新闻照片一个高潮。

1949 年 3 月 15 日，原《人民日报》（北平版）编辑部大部分人员整建制离开王府井编辑部，创办北平市委机关报《北平解放报》。

人民日報

原北平國民黨軍某部
完成與解放軍合編
官兵均歡慶新生

歡迎受編的原國民黨軍

光榮的改編

蘇聯合作社

在平文化學術界及平市職工
擁護召開世界和平大會

復選出代表十一人
出席全國婦代大會

侵佔國家財產
政府依法懲處

世界民主運動日益有力
保衛和平陣伍日益鞏固

設人事處理委員會

1949 年 3 月 21 日的《人民日报》一版，版面中央有照片，拍摄者张力署名的照片很小

《人民日报》刊登新闻照片常态化

张磐石率领编辑队伍分批从河北农村进入北平。3 月 15 日，华北《人民日报》在北平出版。

“北平版”积极刊用新闻照片的热情感染了“华北版”。进城出报两天后的 3 月 17 日，华北《人民日报》一版首次出现摄影图片。在“平津被服总厂工人展开竞赛产量提高”的标题下，刊登了工人们劳动及文娱活动图片各一张，但是没有摄影者署名。

3 月 21 日，一版上再次出现新闻照片——“在平文化学术界及平

夏曆己丑年二月二十八日　三月初八清明
人民日報
中華民國三十八年三月二十七日　星期日　第四版
歡迎毛主席朱總司令暨中共中央其他領袖抵平特刊
抵平中共諸領袖
毛澤東同志
朱德同志
劉少奇同志
周恩來同志
任弼時同志
林伯渠同志
人民画刊
檢閱解放軍時的毛主席
安漢 高帆 攝影
毛主席檢閱摩托化部隊
毛主席與婦女代表握手
檢閱解放軍時的毛主席和朱總司令
毛主席檢閱東北人民解放軍「塔山英雄團」

1949 年 3 月 27 日，《人民日报》第一次整版刊登摄影图片市职工拥护召开世界和平会议”的题目下，刊登了在会上讲话的北平市职工会筹备会主任萧明的照片。这张照片下出现摄影记者署名“张力”，但照片篇幅很小。

过了几天，3 月 27 日第四版，华北《人民日报》第一次整版刊登新闻照片，标题为“欢迎毛主席朱总司令暨中共中央其他领袖抵平特刊”，反映了 3 月 25 日毛泽东主席和朱德总司令在北平西郊机场检阅部队的情景。这一版刊登照片十八张，其中领导人头像六张，其余为新闻图片，摄影者是朱汉、高帆。照片都是在紧张拍摄后送到王府井《人民日报》编辑部暗房冲洗的。

摄影者中的高帆（1922—2004），原任晋冀鲁豫军区政治部宣传科长，此时担任华北军区《华北画报》副主任。他在晚年曾任中国摄影家协会主席。

朱汉，全名黄朱汉（1919—1988），笔名夏风，广东横沥田坑村人，1938 年赴延安参加八路军，入抗大学习。1939 年随抗大二分校到晋察冀根据地，进入《晋察冀日报》当新闻记者。在沙飞指导下，他学会了摄影。1942 年，他调到晋察冀分局任秘书，仍坚持摄影活动。解放战争开始后，黄朱汉担任新华社晋察冀野战军总分社兼《晋察冀日报》新闻记者。华北《人民日报》创刊后他即成为报社的主要摄影记者。中华人民共和国成立后不久，黄朱汉调入新华社任摄影记者。

1949 年 3 月下旬以后，《人民日报》上的新闻照片源源不断地出现了。从 3 月 15 日到 9 月 30 日，即开国大典前一天，总共发表四百二十幅照片，其中在一版发表四十幅照片。《人民日报》上有新闻照片，从此成为常态。

回溯历史，战争年代两报合并创办“大党报”，原《晋察冀日报》的摄影队伍可以发挥很大的作用。但实际情况是，原本期盼很好实现的融合未能如愿呈现。两报合并以后到进城初期，原《晋察冀日报》的摄影记者逐渐调离，而入城以后随着印刷条件的改善和新华社发稿的增加，又从客观需求上推进着《人民日报》版面上新闻照片的增加。在此情况下，原华北《人民日报》通联科长朱波负责摄影工作，组建专门的摄影队伍。

朱波负责初创《人民日报》摄影队伍

1949 年春天，《人民日报》印刷厂进入北平，印刷设备有了根本性改善，具备了经常印刷新闻照片的条件。

照相制版车间的方文郁和郝继昌，都在 1949 年之前进入《人民日报》工作，方文郁担任车间主任。后来从上海国民党《中央日报》社调来一个姓李的师傅，报社印刷厂又从社会上招了两名学徒，其中一位名叫吕桂生，照相制版车间初具规模。

报社领导确定，通联科科长朱波分管摄影报道。

朱波（1923—1998），原名王殿学，出生在河北临西县百户寨一个农民家庭，父母养育了七个孩子，朱波是老二，上面还有一个姐姐。在残酷的抗日战争中，日军扫荡抗日根据地时杀害了姐姐，朱波就成了老大。朱波的父亲在抗日烽火中投身革命，后任地方武装县大队的中队长，抗战胜利后回乡务农。

朱波高小毕业后，于 1939 年参加革命，到冀鲁豫边区政府做青年工作，1940 年 10 月加入中国共产党，任临西县第六区抗战动员委员会儿童部长，后任宣传干事。1942 年后，他任临清县（今河北临清市）县委会组织、宣传干事。

1942 年春天，日本侵略军对冀鲁豫边区进行大规模“铁壁合围”扫荡。朱波在突围中被日军抓住严刑拷打，刺了三刀，其中一刀扎在脸上。他浑身是血，倒在地上奄奄一息。

在日军身后跟进的是一个伪军，负责补枪杀人。他看见朱波喘息时鼻子冒出血泡，举枪准备补射。这情景正好被朱波睁眼看到，用尽力气质问他：“你帮着日本人杀人，你是中国人吗！”

没想到那个伪军听了以后良心发现，放下枪，叫来一个老太太，说：“这人快死了，你把他埋了吧。”

这位农村老太太保护了朱波，找人帮助朱波把藏好的手枪和全县党员名单从地里挖出来，连夜将朱波送进太行山根据地。朱波伤愈之后，到太行《新华日报》工作。

1946 年 5 月，朱波随张磐石下了太行山到邯郸，参加创办晋冀鲁豫《人民日报》。两年后创办新的“大党报”《人民日报》，朱波任通联科长。

朱波性格活泼，做新闻工作时对摄影产生了兴趣，到晋冀鲁豫《人民日报》后，一旦得到胶卷，就会从郭渭处取来照相机拍照。得以保存至今的几张晋冀鲁豫《人民日报》和华北《人民日报》时期的历史照片，有一部分可能出自朱波的拍摄。

朱波负责新闻摄影时，专职摄影记者是黄朱汉，还有从原《华北日报》留用的摄影记者张力。

1949 年 10 月 1 日开国大典，《人民日报》的三位摄影记者都投入了现场拍摄。

朱波是参加革命较久的老干部，持有中南海出入证，经常去那里拍摄各种会议和会见的新闻照片。后来由于朱波担任领导且管理事务较多，拍摄的照片逐渐减少。

张力是职业摄影师，原名张卓人，1915 年生，早在 20 世纪 30 年代就开始摄影活动。

他于 1947 年到《世界晚报》当摄影记者，后转入《华北日报》专职摄影。1949 年 2 月，《人民日报》先遣队接管《华北日报》，张力被留用，继续当摄影记者。

他熟悉暗房全套技术，工作也很努力，主要拍摄一般性社会活动照片。但因“留用人员”身份，随着《人民日报》对编辑记者的政治审查要求越来越严格，他逐渐难以开展摄影采访。1956 年，张力离开《人民日报》，调入《健康报》担任美工。在晚年，张力是北京中医研究院美工。

1949 年 1 月，《人民日报》先遣队接管《华北日报》社时，还留用了专职暗房操作员张居生。他技术娴熟，主持暗房业务几年后调入印厂。

1951 年 1 月 1 日，《人民日报》在头版开设《我们伟大的祖国》摄影作品专栏，这个摄影栏目持续到 1955 年 12 月 31 日，是《人民日报》开设的第一个固定新闻摄影栏目。

1953 年，《人民日报》摄影队伍形成力量

由于版面对新闻照片的需要不断增加，报社美术组（实际上是一个部门的编制）于 1953 年决定下设图片组（即摄影组），美术组负责人华君武从上海《解放日报》调来了原新四军中的美术编辑苍石，前来担任《人民日报》图片组组长。

苍石早在 1941 年 7 月就进入新四军鲁迅文学艺术学院美术系学习。他原本是南通师范学校的学生，在解放区算得上科班出身的专业人才。他学习美术专业，对摄影触类旁通，逐渐成为专业摄影师。进城以后配备的相机质量很好，他拍摄了许多好照片。

苍石到任后，继续调入摄影和美术人才，除阙文担任美术编辑外，

1954 年调入纳一、袁毅平，1955 年调入高粮，他们主要担任新闻摄影，也负责一些美术编辑工作。同一时期还调入了曹桂江、王志渊（他们两人在 1958 年调入《广东画报》社）。

至此，《人民日报》的摄影队伍形成力量，可以四处调配，及时拍摄新闻照片。到 1956 年，又调入优秀摄影记者吕相友，进入《人民日报》摄影队伍的第一个“鼎盛”时期。

爲了全人類幸福
祝斯大林同志萬壽無疆
——莫斯科慶祝斯大林同志七十壽辰大會及群衆祝壽圖片專刊——
ДА ЗДРАВСТВУЕТ ВЕЛИКИЙ ВОЖДЬ И УЧИТЕЛЬ КОММУНИСТИЧЕСКОЙ ПАРТИИ И СОВЕТСКОГО НАРОДА ТОВАРИЩ И. В. СТАЛИН!

1950 年 1 月 29 日，《人民日报》第六版

战场指挥员　人民摄影家

◎张海萍　撰写

受苦的孩子要读书

1921 年 12 月 4 日，高粮出生在河北易县辛旺村一户贫苦农家，是父母的第三个孩子。父亲听说又一个儿子降生，进得门来第一句话说："嘿，又添了一口。"因为这是一个缺粮人家，添了这一口，全家人的口粮就更缺了。

高粮的父亲一贫如洗，高粮的爷爷却是地主，广有田产，因为续弦后怠慢了前妻生下的三个儿子（高粮的父亲是其中之一），每人只分到三亩六分地，后来才每户填补三间房子。高粮的父亲不善种地经营，很快荡尽家产，成了贫农。高粮在回忆录里说，他家的经历并不奇怪，中国农村的千年历史就是这样循环起伏而来的。

易县守着清西陵，辛旺庄地处平原与丘陵交界处，人均只有一亩二分地，然而土地不返碱，旱涝都能收些粮食。但在这块风水宝地上，高粮一家的命运却很是不济。

母亲生下高粮以后，每天将他拴在炕上，带哥哥下地干活儿。高粮长到七八岁就给地主打短工，不给工钱只管饭，天一亮就起来干活儿。拉砘子压地，打草喂驴，拾掇场院，使他早早领略了农家生活的艰辛，也早早地懂事了。

八岁那年，看到邻家孩子上学，高粮也想上学，他小小年纪就知道没有文化的穷人会受气。他对父母说，农忙时我活计照干，只上半天学，隔两天上一天也行，保证不误功课。

一开始父母没有答应。高粮有一个远房族爷开馆教私塾，和父亲熟悉，高粮就去求他，长跪不起。看到这个小娃娃真心向学，族爷收下了高粮。

高粮异常聪明，半天读书的成绩追上了私塾里全天读书的孩子。他自己找书来读，还将读来的《水浒传》《三国演义》里的故事像说书一样讲给一起扛活儿的长工、短工们听。

老师对高粮的父母说，这孩子是块读书的料，最好别埋没他。外祖父被打动了，出面帮助，高粮考入县立完小插班读书。因成绩优异，1935 年他提前毕业，考入河北省立第八中学。

在县立完小上学时，十分器重高粮的唐老师是中共地下党员（中华人民共和国成立后易县第一任县长）。进了中学，教员中也有进步教师。受这些青年教师的影响，高粮一上中学就加入了民族解放先锋队（即“民先”），经常和同学宣传抗日、抵制日货。

1936 年夏忙季节，保定育德中学转学来一个同学许世魁，他是中共党员，他告诉高粮，王老师有意让他利用暑假到定兴县固城镇一家棉花店去当临时学徒。固城是周围几县棉花的集散地，主要由日本商人收购。他要求高粮在棉花店了解情况，唤起民众爱国之心，又能挣出下半年的学费。高粮欣然接受，去裕昌棉花店当学徒。在那里，他参与抵制日货的行动，受到初步锻炼。

黄河怒涛声中加入八路军

1937 年 7 月 7 日，卢沟桥炮声响起，抗日战争全面爆发，同学许世魁手持中共保署特委的组织介绍信找到高粮，相约一起前往陕北参加红军。

父亲、母亲都支持儿子为保国家上战场杀敌。母亲宰了家中养的母鸡，借来一点儿米，让儿子饱饱地吃了一顿饭，高粮就上路了。

大约半个月行程，几个小伙子来到了黄河边的禹门渡口，河西就是陕北了。这天是 9 月 12 日，高粮眼见着从黄河对岸开来二十多条船，一大队军人上了黄河东岸。原来他们是杨成武团长率领的一一五师独立团。

年轻人见到了杨成武，递上组织介绍信。杨成武当场接收他们加入新编的八路军，他告诉高粮："我们正是要到你们的家乡一带去打日本鬼子，开辟根据地的。"

高粮听杨成武这样一说，高兴得哭了起来，就像失散多年的孩子找到了爹娘。他穿上了新军装，来到侯马坐上火车，进入平型关战场。9 月 23 日，高粮参加了阻击日军、保障平型关战斗歼敌的腰站阻击战。同年 12 月，高粮加入了中国共产党。

沙飞引导他走上摄影路

高粮入伍后当了文化教员，历任宣传员、指导员，称得上身经百战，在战场上亲手射杀多名日本侵略兵。他指挥的连队也因战斗力强而成为全团的主力连。

高粮有文化，能利用战争空隙给《抗敌报》《抗敌三日刊》写新闻报道，也写点儿小诗给边区杂志《诗的建设》。这些文稿刊登出来，给战士们也给他自己很大的鼓舞。

1939 年 9 月，在击毙日军中将阿部规秀的黄土岭战斗中，高粮所在连队攻击涞源县教场村西南的小秃山，团部通讯员领来了一位叫沙飞的南方人，并传达团政委袁升平的命令，说沙飞随高粮的连队"采访"，要求连队协助，保证他的安全。

战况激烈时，偏偏送来个“累赘”。高粮冷冷地说：“好吧！回报政委，我们照办。”高粮转身要通讯员把沙飞送到二梯队，告诉司务长保证他的安全。沙飞听到后严肃地说：“指导员，我是来参加战斗的，拍你们连的战斗场面，到后面怎么能完成拍摄任务？”

高粮说：“这里危险，我实在不能保证你的安全。”沙飞气愤地说：“要怕危险我就不到你们这个最能打仗的连队来了。”高粮看他的决心很大，也就同意了。

没有想到，沙飞不仅会拍照片，还有军事指挥知识。连队初次进攻不利，被日军击退。指挥员正在着急，沙飞却很有经验地提出建议，可以正面佯攻，以一个班迂回敌人侧后，再突然夹击。连长依计而行，果然将敌人打下山头，取得好战果。

沙飞是著名摄影家，从此和高粮结下友谊。也从那时起，高粮对摄影发生了兴趣。当时沙飞用的是一台老式大八片蔡司伊康照相机，他告诉高粮，相机的各个部件起什么作用，并说明在什么情况下如何调焦和拍照，从此沙飞成了高粮的摄影启蒙老师。

以后，战斗中缴获了照相机，高粮就学着“拨拉”两下。

1944 年，高粮调到涞源县支队当政委，恰巧军区来令选调记者，还附有沙飞动员高粮下决心去军区当摄影记者的信。高粮选择了摄影，于是成为《晋察冀画报》社特派记者，在石少华主持的训练班学习了一个月摄影。

秋末，高粮参加了北石佛、马圈子和攻打涞源城关等战斗，一口气拍了八个胶卷。战役刚结束，他立即拉上战友刘峰急行八十里，到后方基地去冲胶卷，结果因为操作失误，胶片全部损坏。这是高粮第一次单独采访，教训惨痛。这件事告诫高粮：做新闻摄影工作需要冷静、谨慎、细致，否则拍的东西再好再重要，弄不好就功亏一篑。

抗战期间，高粮拍摄的知名照片有《神出鬼没》《解放涞源》《青纱帐里聚英豪》《保定外围神八路》《白洋淀里的水上武工队》等。

解放战争立奇功　开国大典留经典

1946 年，高粮参加“军调处执行部”第五执行小组的部分报道工作，拍摄了蒋机扫射阳店和平列车的事件。在报道中对什么是新闻、怎样采写新闻，高粮请教过周恩来，得到的答复是：“哪里有斗争，那里就有新闻。记者到了哪里，那里就应该出新闻。”这些话，加深了高粮对当好一名新闻记者的认识。

国共谈判破裂后，高粮参加了一系列战斗，经常跟随突击队甚至尖刀班到第一线抓拍最生动的镜头。在扫清石家庄外围据点的栾城战役中，他从进入阵地接敌、冲锋、受挫、再次冲锋，三勇士登城，捣毁敌警察

1949 年 1 月，天津战役——大王庄巷战（高粮 摄）

1949 年 10 月 1 日，天安门广场上即将升起的第一面五星红旗（高粮 摄）

局和县政府，连拍了十四张，像幻灯片一样，形象逼真动人。送到后方冲洗出来，有的战友还以为是拍摄军事演习。后来由两位一起参加战斗的战友证实，他们才相信了这是新闻照片。

解放石家庄战役开始后，四纵队第三十一团团长牺牲，政委负重伤，高粮奉纵队首长郑维山、胡耀邦的命令，担任三十一团代理政委接替指挥。高粮果断指挥，战绩卓著，还在战斗中拍摄了许多记录历史画面的珍贵照片，是石家庄战役的真实写照。

1948 年 11 月，高粮新婚第二天，他随聂荣臻司令员到平津前线与入关的四野会师，拍摄了两大野战军会师的镜头，以及林彪、聂荣臻、罗荣桓等组成平津前线指挥部实施战役指挥的场面。知名的照片《大王庄巷战》《打开宁园突破口》就是在那个时候拍摄的。

北平和平解放时，高粮随聂荣臻提前进城，拍摄了接管北平和解放军入城式。1949 年 2 月 3 日上午 10 点，解放军入城，高粮站在大栅栏一个二层楼楼顶突出位置，足足拍摄了两个胶卷，其中有《北平百万群众夹道欢迎解放军》《子弟兵接受检阅》《炮兵部队通过东交民巷》等。

1949 年 10 月 1 日，新中国开国大典。天刚破晓，高粮穿上新军装，背上他那架蔡司照相机，来到天安门前，拍下著名的照片《第一面五星红旗在天安门升起》。

朝鲜战场“照相司令”

1951 年 7 月至 1953 年底，高粮作为志愿军二十兵团摄影科长入朝参战，在朝鲜拍摄过《高级指挥机关的战略部署》《坑道落成》《上甘岭反击战》等照片。

高粮多次组织战斗前线的摄影报道。二十兵团兵员多，摄影科的任务是：有形地记载军史并及时完成对外宣传报道。除兵团摄影科直接掌握有五十名摄影记者外，军设摄影股编制十人，师设摄影组编制五人，团设一至两人的摄影员，全兵团有将近四百人可拍摄新闻照片，由高粮常驻司令部统一调赴，有的军长、政委开玩笑地叫他“照相司令”。

在朝鲜战场上，高粮的工作信条是：发挥大家的积极性，记录军史，激励战斗意志。遇到最危险最困难的任务，他先去完成或带领大家共同完成。高粮经常亲临一线，边战斗边摄影。在高粮的领导下，战地摄影记者们根据自己的条件，如八仙过海，各显神通，在阵地上进行了多种多样的拍摄和图片宣传活动。

为将志愿军前方将士英勇奋战的情景及时宣传，高粮根据志愿军首长的命令，专程回国请示解放军总政治部领导后，与《人民日报》社接洽发稿事宜。《人民日报》总编辑邓拓和编辑室主任李庄与高粮很熟悉，欢迎高粮不断供稿，认为这对报社来说是一件大好事。《人民日报》上开设了《伟大祖国》栏目和《抗美援朝》专栏，经常刊登志愿军作战和生活的照片。

这一时期，高粮拍摄了《金城反击战》《冰雪出击》《夜袭——朝鲜前线》《反坦克小组在战斗》《坚守坑道》等照片。

1951 年 10 月 11 日至 11 月 4 日，志愿军第六十八军在朝鲜文登里顽强战斗，击毁美军坦克四十四辆，挫败了敌人的“坦克劈入战”。反坦克战进行期间，兵团司令员杨成武召见高粮，要求他亲自带领一个摄影组，进入文登里战场，在我军炮火掩护下将被击毁的美军坦克现状拍摄下来。

高粮于 10 月 25 日上午现场指挥了这次战地拍摄。约有十名摄影记者逼近敌军被毁坦克，在炮火掩护下在十分钟内完成拍摄。他们的拍摄被美军发现，受到炮火袭击。结果，志愿军摄影记者组付出了一人牺牲、一人负伤的代价，拍摄到了在文登里战场被击毁的美军坦克。其中一张照片刊登在 1951 年 12 月 26 日《人民日报》上。

1952 年 11 月，在朝鲜战场上，志愿军战士投入上甘岭反击战（高粮 摄）

1952 年于朝鲜前线，高炮射击美帝飞机（高粮 摄）

1953 年回国后，高粮担任战士文化读物社副总编辑，编辑出版《战友报》、《战友杂志》、“战友丛书”等。

经磨难而不倒　胡耀邦出面帮助平反

1955 年，高粮调到《人民日报》摄影组，负责中央领导人活动报道。这是他拍摄领袖形象最多的时期。他用镜头记录了国家领导人的许多活动，如《毛主席接见苏加诺总统》《周总理在群众中》《刘少奇委员长接见少数民族代表》《朱德司令和叶剑英谈国防》等。

但是，在 1958 年反右运动后期，高粮被错误地划成右派，主要问题是涉及“左叶事件”，并“包庇”右派等。

这一错就是二十年，他被发配唐山农场劳动三年后，于 1962 年到内蒙古体委做宣传工作。由于他的革命资历长，仍可以拿起笔和相机，参与创办《内蒙古体育报》，还搞过几次图片展览，又到《内蒙古日报》帮助工作两年，出了十来期专题画刊，写了十几篇通讯。

“文化大革命”开始后，他被扣上“三家村分店掌柜”“为乌兰夫招降纳叛的人”“没有改造好的大右派”等帽子，下放到河套地区中后联合旗乌加河公社联丰一队当农民。队长待他很好，说：“像你们这样过去的功臣，中华人民共和国成立后在中央工作，我们这儿根本见不到，难得到我们营子里来，这里就是你的家。”

这些话像一股暖流使高粮潸然泪下。后来落实政策回京后，他的家就成了丰联一队的“驻京办”。

1976 年 10 月，“文革”结束了，冤假错案逐渐平反。身在农村的高粮终于听说可以为右派平反了。他在 1978 年夏天回北京，向战争年代的纵队政委、老首长胡耀邦申诉。

胡耀邦时任中组部部长，见面就说：“高粮，你这些年跑到哪里去了？”

高粮向胡耀邦诉说了这些年的苦难遭遇。胡耀邦说：“‘文化大革命’伤了不少好同志，现在中央正在着手为蒙受冤假错案的同志平反。你回去写个材料送来，会很快给你解决。”

高粮随即写出申诉书报送胡耀邦，胡耀邦收下材料后很快批给了负责宣传事务的耿飚，再经耿飚批转《人民日报》社。《人民日报》负责人秦川很重视，马上派田永有、赵文政去内蒙古自治区体委复查，认定这是一桩错案，当年即将高粮调回北京，宣布“改正”，继续在《人民日报》记者部工作。

重新拿起相机和笔

“改正”后，高粮又背起相机，拿起笔，奔走祖国各地采访。

1982年，高粮回到他下放的农村采访，社长、生产队长向他反映：有部分人利用职权，在供水、供电、收粮、收油料、收甜菜和公路通行上卡农民的脖子，农民把那些人称作“老虎”，谈虎色变。高粮据此写出内参稿《河套农民怕六虎》，征得自治区书记周惠的同意后，在1983年1月19日第二十九期《人民日报》的《情况汇编》上刊登。因切中时弊，中央领导人阅后非常重视，派出了中央调查组。

这份内参惹恼了那些“老虎”们，他们联手反对，甚至攻击高粮，说这是反党反社会主义。

《经济日报》总编辑安岗听说此事后，派一名副总编辑调查核实，1983年1月23日，《经济日报》头版头条发表了《河套农民怕六虎》的文章，同时配发社论《不准刁难勒索农民》，之后相继发表了多篇社论、评论、消息和通讯。高粮收到不少群众来信感谢他，说他是农民的好记者。

万里副总理读了报道后指出：这篇稿子揭发准确，看起来不但下面有“老虎”，而且上面还有“老虎”衙门。万里的表态使相关部门改变了态度，布置工作解决这些问题。

高粮摄影的文献价值

高粮在晚年曾任中国新闻研究所新闻摄影研究室主任，为新闻专业研究生讲授摄影课程。他撰写回忆录，将从事新闻摄影的心得概括为：善于思考，巧于选择，严于抓拍。他强调记者要有新闻敏感，要能够抓住新闻事件和新闻人物的最佳瞬间，将照片拍摄得生动感人。

高粮的摄影作品编入中央文献研究室汇编的多种大型画册，其中包括有关毛泽东、刘少奇、周恩来、朱德、邓小平、陈云、彭真、聂荣臻等人的图集。高粮在战争年代拍摄的大量军史照片成为珍贵历史资料，也先后编入多册军事大型画册和图集。

1984年，《人民日报》社、中国摄影家协会、解放军出版社在中国美术馆联合举办了高粮摄影作品展。

高粮出版有《高粮通讯选集》《历史的脚印——高粮回忆录》《高粮摄影作品选集》《高粮诗影集》等。他曾任中国摄影家协会理事、中国老年摄影家协会理事、中国老摄影记者联谊会理事。2006年10月21日，高粮在北京逝世。

曾任《人民日报》副总编辑的安岗评价说："高粮很有特点，他一身而二任，过去在部队时他既是指挥员又是记者；以后在新闻岗位上，他既是摄影记者，又是文字记者。他的作品证明，一个新闻记者的两只手，完全可以完成两种功能，既摄影，又写文章；他有两种本领，拿起笔能写，拿起照相机能拍照，图文并茂可以由一个人完成。高粮的根基打得好，就能几十年如一日地做好文字和摄影两方面的工作。"

杨成武将军为《历史的脚印——高粮回忆录》写下前言说："我一直看着他锻炼成长，成为一个优秀的军事指挥员和政治工作者，后又成为一个摄影艺术家。"

人民日報

一九五〇年一月三十一日

★北京解放一週年画刊

1949.3.25 毛主席到北京

1949.8.9

1949.11.23

1949.10.22—24

1949.10.5

十月一日開國典禮

北京市第一次婦女代表大會

1949.11.26

1949.12.9

1950年1月31日，《人民日报》第五版

苍　石

留影于风雨苍茫间

◎苍石　口述，田玉香　方红　编辑

我于1922年出生在江苏南通灰场边村一个地主家庭，原名徐昌硕。小学毕业以后，到南通读中学。我从小喜欢画画，在学校负责出墙报搞宣传。1937年抗日战争爆发后，我参加了抗日宣慰队。1938年在南通师范读书时，我积极参加抗日救亡，是新四军苏中四分区学生代表。

鲁艺学习　自办画报

1941年7月，我到新四军鲁迅文学艺术学院美术系学习。学习刚刚开始，日伪军对新四军军部驻地盐阜地区发动了大扫荡。华中鲁艺分成两队，向敌军侧后方向转移。

7月23日，我们分队在转移中夜宿北秦庄，第二天清晨发现敌情，在紧急转移时与敌人相遇了。敌人从东、西、南三面包抄过来，我们只能向北撤退，但敌人火力封锁了我们北撤的路线。一时间，铺天盖地的机枪子弹打来，我们的领导许晴和邱东平身先士卒，指挥撤退时壮烈牺牲。

我们这些幸存者跳进水稻田里，像青蛙一样爬上岸，又跳进一条大河，坚持游向对岸。结果，游到对岸的人大部分突围成功了。

新四军军部闻讯派出部队来接应突围和失散的同志回到鲁艺院部。当天下午，陈毅军长赶来慰问我们这些突围归队的五十多位同志。陈军长说，鲁艺这次损失惨重，他非常痛心。他鼓励我们将悲痛化为力量，抗战到底。最后，陈军长让院领导黄源给丢失衣被的战友进行补充。

1942年，我调到新四军军部鲁艺文工团工作，1943年调新四军十旅文工团任美术教员，1944年调苏北文工团任团长。1945年秋，我在苏北区党委学习时加入中国共产党。1948年调新华书店任美术组长，负责设计封面、画插图。我自刻自画自印套色油印画报，曾受到新华社延安总社的表扬。

1949年春，我随大军渡过长江后在《苏南农民画报》工作，任副主编；1953年调上海《解放日报》美术组负责编画刊。

选调《人民日报》 建专职图片组

1953年，《人民日报》筹建图片组，华君武到上海挑人，把我选中了。我很快到《人民日报》报到，分管新闻图片事务。当时图片组由总编室

1956年1月15日，毛泽东在天安门城楼接受北京市工商界代表乐松生的报喜信（苍石 摄）

主任张沛、总支书记肖风领导，我担任图片组组长，这是《人民日报》设置专职新闻图片组的开始。

我认识到工作责任重大，下决心要干好新闻图片工作。首先，我挑选了一批有较高学历，专业心、责任感强，为人正派的专业人才。挑选来的优秀记者有袁毅平、吕相友、王志渊等人；图片、美术、文字编辑有阚文、连家弟、舒适等；行政工作人员有张光华、岳立等。我提出，我们的任务是：每天在《人民日报》头版右上角安排一张“伟大祖国”的新闻照片，内容包括科学、文化、工业、农业等各方面的伟大成就。另外，我们每周办一期整版画刊，还负责各个版的专栏插图等。

全组人员既要摄影，还要编写文字。白天采访，夜里交稿，跑暗房，跑车间，一直等到报纸印出才放心回家。我们常常在夜里赶不上公交车，就步行回宿舍。每逢节假日，我们常常三天三夜连轴转，但大家都干劲儿十足。

当时《人民日报》图片组和中央办公厅有许多工作往来，从 20 世纪 50 年代初一直沿用到现在的“中共中央文件”红色题头，也就是后来人们常说的“红头文件”样式，就是由我设计绘制的。

负责图片组工作的同时，领导还让我采访中央重要新闻。我拍摄的中央领导人的政治活动图片，有很多发表在《人民日报》头版，全国大报小报普遍转载。有一段时间，我是《人民日报》唯一的“中南海记者”。反右以后，我所有在图片组资料室的底片都丢失了，只有一张资本主义工商业改造时，毛泽东主席在天安门城楼上接受北京市工商界代表乐松生报喜信的照片，由新华社收入国家档案馆保存。

1957 年，中国摄影学会筹备，我任副主任。学会成立后，我担任常务理事。

1956 年 10 月 6 日，毛泽东在北京展览馆参观日本商品展览会并题词（苍石 摄）

遭受反右厄运二十年

1957 年春夏之间，反右运动开始。图片组里的两个年轻人惹了“大祸”，脱身不得，都被打成右派。有人顺藤摸瓜，按照逻辑推理，既然两个年轻部下提意见、画漫画，“心怀不满”，那么组长也难逃干系。这时，又有人拉出一桩历史旧案，将我装了进去。

原来，1949 年渡江战役后，我在《苏南日报》社和《农民画报》社任职时，曾把一个从苏北来投奔我的远房堂兄安排在报社伙房当炊事员。不久听妹妹说，此人在家中犯了血案。我马上向上级报告，还亲自带公安局的人将其捉拿归案。但是我在收留他的事情上有失察之过，为此受到“劝告”处分。

反右运动发起时，当年我在苏南的领导也调到了《人民日报》，仍然是上级领导。他偏偏把自己在《苏南日报》亲手处理、已经有结论的这件事搬了出来，成为我的“大罪”。

还有一点，过去我和妻子周琴在上海《解放日报》时是供给制，有利于像我这样孩子多的人家。到北京以后改成了薪金制，我被评为行政十四级，加上周琴的工资，要抚养四个孩子，照顾一位老人，又要帮助周琴的弟弟、妹妹上大学，就非常紧张了。在一次党小组会休息的时候，我曾开玩笑说，来到北京后负担重了，连鸡也吃不上了。“鸣放”之后，这句本来是开玩笑的话却被认定是我鼓吹“今不如昔”的罪状。

总编室由支部书记负责运动，几次批判会开过后，我被无辜地划为右派，在政治上遭受着株连九族、抬不起头来的打击。

更没料到的是，妻子周琴的情况也非常不妙。为了响应“鸣放”，周琴在编辑部墙报上写了一首题为“官僚主义的嘴脸”的打油诗，讽刺某领导。谁知风向一变，这位领导立即找来周琴，要她揭发我和记者部几位被点名批判的记者。

周琴对领导说，这几个人工作都很努力，从没听到过有什么反党言论。“但是，我自己有一件事应该向组织上汇报。”周琴说了一件连我也不知道的事。原来，周琴的母亲常年患肺气肿，需要服药，更严重的是二儿子患粟粒性肺结核相当严重，几次住院抢救，有时医生开出的进口药每粒3元，不能报销，几次住院就用完了全家的钱。周琴没有告诉我，为了孩子住院治疗，她情急之中挪用了为几个记者代领的稿费。本想尽快还清，没想到孩子接连住院，使她挪用的个人稿费最高时达900元。周琴告诉领导说，现在已经偿还240元，还欠了不到700元。

事情说完了，周琴的心情反倒轻松了一些，她对领导说，即使为了救孩子，我挪用记者稿费也不对，但是代领稿费都由我签字，这个账是清楚的。现在，请你给我两天时间，我找朋友借钱还上。

女领导点了点头，没有说话，似乎可以视为同意了。周琴转身出来四处借钱。可是，没等两天过去，那位心如铁石的领导把周琴送进了检察院。1958 年除夕夜，法院宣判周琴十二年徒刑，锒铛入狱。

我被划为右派，工资降去三级。周琴入狱，工资停发，什么也没有了。我们全家每人每月只有 10 元生活费。无奈，我变卖了全部藏书，卖掉了家中能够换一点儿钱的所有东西，用来购买口粮。变卖的家什中，包括女儿稍微像样一些的衣服。有一天，女儿回来问我："怎么我的衣服穿到我们班同学身上去了？"原来是那位同学的妈妈从旧货摊上买走了我刚刚卖掉的衣服。听着女儿的问话，我心如刀绞。

由于受到无中生有的打击，我难以承受，大口大口吐血，很快就卧床不起。四个不到十岁的孩子饿着肚子趴在我床边不停地哭。上小学的大儿子，看我吐了一杯一杯的鲜血，吓得找十条宿舍传达室王德全叔叔。老王就打电话给图片组的吕相友。老吕二话没说，悄悄地和王德全一同将我送去协和医院看病，经过检查，医生说："这样的病我们治不了。"王德全说："东四十一条有位祖传名中医，找他看看。"他们帮我找到胡英培医生，医生诊断后说："是肝郁吐血，气的。"吃了他的三服药，病情逐渐好转。挂号费、药费全是老吕给付的。

就这样，吕相友天天帮着煎药，并给孩子们带来些干粮，他问我想吃什么，我说："想喝一点儿青菜汤。"吕相友回家给我做了青菜汤带来。老吕一直在照顾我，直到我停止吐血，渐渐能下床走路。在鬼也不敢上门的时候，恩人吕相友、王德全救了我一命，也救了孩子们。

反右运动结束前，党小组组长送来《右派分子的结论》让我签字。我签上："我保留意见，我不能同意。"

那以后的日子是艰难的，整整二十年。

在改革开放的年代勤奋工作

改革开放后，我帮助吕相友设计、编辑出版了三本中央领导人政治活动的大型画册。这既是吕相友一生摄影成就的总结，也给了我一个机会，在事隔二十多年后，总算有机会报答恩人吕相友。

1979年右派改正后，我任《人民画报》第一副总编辑、分党组成员，中国摄影家协会常务理事，中国摄影出版社编委。我主编了庆祝中华人民共和国成立三十周年大型彩色画册《中国风光》，发行于国内外，获国务院颁发的编辑设计一等奖。

1981年，我调到国家工商行政管理总局（下称工商局）筹办中国广告联合总公司（下称中广联），任总经理、党委副书记，中国广告协会第一副会长。

1983年，正当中广联各项业务开展得热火朝天、国内外影响很大，正奋力向前的时候，挂靠单位工商局突然派来了工作组接管中广联，诬陷我违反了外事纪律和财经纪律，借此将原中广联的班子换成新的。从此中广联职工不断到《人民日报》群工部上访。三年中，向各有关领导部门送的申诉材料都石沉大海。最后我和老伴儿找到《人民日报》社长秦川，反映了这件事情的全过程。秦川听了说："这就是摘桃子，坚决反对。你们向王青转述我的意思，干！"《人民日报》群工部主任王青得到秦川的支持，很快和李洪玉、归长根、马中艳写出《究竟是谁违反了纪律》的调查报告送总书记胡耀邦。总书记决定，由乔石牵头成立了中央核查小组（报社派了李仁臣、艾丰参加）。经核查，群工部的调查报告《究竟是谁违反了纪律》一文完全属实，苍石是清白的。中央决定：新的工商局第一把手公开检讨，承认错误，向苍石道歉。核查小组问我有什么要求，我说，我要回《人民日报》。借此机会我要感谢当时群工部的王青、李洪玉、归长根、马中艳等同事。他们不辞辛苦、不畏权势，一场冤案终于平反昭雪。

这样，我又回到了《人民日报》。

编辑《龙》册　喜获出版

20 世纪 80 年代初，我第一次去山东曲阜。孔庙大成殿前檐十根深雕双龙戏珠巨柱，使我内心受到极大震撼，催生出编辑大型画册的想法。

1984 年开始，我边打官司，边和老伴儿背着相机和三脚架走遍北京古迹，找龙的故事，拍龙的图片，克服了数不尽的困难。如拍乾隆皇帝的龙袍，由于文物不可取出和移动，为解决玻璃柜的反光和窗棂的影子，我们买了数丈白布到展馆内拉起来，遮住窗户，精心选好拍摄角度，重复多次，才照出一张比较理想的龙袍照片。

在龙年到来之际，我自拍、自编、自己设计的一本中英文对照大型画册《龙》终于完成。画册中分门别类，介绍了数千年来龙的起源、演变的历史和与此相关的神奇瑰丽的风采。

我被人民日报出版社返聘一年。画册《龙》在社长姜德明的支持下，由人民日报出版社出版。

1987 年，我在《人民日报》社离休。

人民日報　一九五〇年二月四日　星期六　第五版　今日立春

在黨和政府的領導下

生產自救　渡過災荒

·準備春耕·

人民画刊

1950 年 2 月 4 日，《人民日报》第五版

纳 一

从抗日烽火到和平年代

◎纳一　口述，田玉香　整理

觉醒了，誓死不当亡国奴

我生于1921年10月，原名王光武，曾用名王平，我的家在河南省获嘉县小西关镇吕祖庙街王家胡同。获嘉县在豫北。我家有六十亩薄地，家庭成分开始划为地主，实际上并不富裕，后来改成中农。父亲经商。姥爷家住岳家庄，村里人多是岳飞的后代。舅舅常和我在岳家庄玩儿，给我讲岳飞的故事。从小我就很崇拜英雄。

十七岁以前，我一直读书，只知道读好了书做一个好孩子，找一份好工作，孝敬父母。十六岁上中学，1936年12月“西安事变”后，才知道国家的事情。

1937年，抗日战争爆发，几个月后，平型关大捷的消息传来，使我振奋。我听说了许多共产党游击队神出鬼没打日本侵略者的事情。远道而来的流亡学生组织了宣传队，从他们唱的歌、演的戏中，我逐步了解了共产党，坚定了抗日的信念：同仇敌忾，誓死不当亡国奴！

那时候不能继续上学了，我每天帮母亲干家务活儿。同学中有的跑到外地，有的到维持会干活儿。我想，给鬼子做事就是汉奸，打死也不能。

天天在家，父亲骂我没出息，我也很苦闷。这时，同学岳庆昌来找我，他是从山西来的，这时已参加八路军游击队，他告诉我八路军部队离这儿不远，动员我参加八路军去抗日。当时我想，我能走又不怕吃苦，走！当八路去！

要奋斗，参加八路军

1938年春节以后，我们约上了几位同学，冒雨走了二百四十里，到了豫北林县林棋镇，参加了晋南独立游击支队，后为平汉独立游击支队。司令李毅之，特派员许初生。我是支队宣传员，经常性事务是扩兵、征粮、检查部队纪律。随着对共产党的认识不断加强，经过李超的多次谈话，由他介绍，我加入了共产党，当年12月转正。

1939年初春，我因患疥疮回家养病。病好以后，参加了城市支部组织的抗日宣传工作。后来调到县委，参加晋冀豫边区党校学习。1940年由华北局介绍，南下华中，到苏北第五纵队做宣传工作，司令员是黄克诚。那里是初创的根据地，加上大旱两年，条件很艰苦，我们又经常在敌后活动。有一次敌人扫荡，区队叛变，我们险些被打死。还有一次被敌人包围，急中生智，我化装成老百姓才得以脱身。

皖南事变发生时，我们接到命令赶赴皖南支援叶挺部队。皖南战斗结束时，我们距离战场还有十几个小时的路程。后来我们就被编入新四军，转战大江南北。

1943年，我到盐阜地委组织部工作。1944年夏天，整风运动后到《盐阜报》（后来的《苏北报》）做校对工作，后升为校对股长。

抗日战争胜利后，1945年10月，由新四军出介绍信，高原带队，我们从淮阴出发到了东北。到哈尔滨后，我被分配到了《东北日报》社，后又进入《东北画报》社。在日报社和画报社那里，梁枫、张醒生教我学会了摄影。施展当时是报社领导。我在那里工作了八年，从战争年代跨进了和平建设年代。

搞摄影，遍尝苦辣酸甜

1954年，大区撤销，华君武到东北调人，在这年9月把我调到《人民日报》。我到报社摄影组时，朱波是组里的具体负责人，分配我管农林牧副渔。搞农业口摄影很辛苦，早晨天不亮就跟领导下乡。那时北京市副市长王宪管农业，我常跟着他在农村跑到半夜三更。记得一次去北京南苑采访，我站在稻田里拍片，拍完才发现满腿都是蚂蟥。当时不懂，又拍打又使劲儿拽，蚂蟥还是钻进肉里，两腿又红又肿。

《女电焊工》，20世纪50年代摄于鞍山（纳一 摄）

在《人民日报》当摄影记者是光荣的，工作是富有意义的，有时也有意外的快乐。有一次跟着王宪跑怀柔农村，在山里打到了野兔，晚上吃兔肉又喝汤，味道好极了。那时的物质生活还是相当艰苦的。

在《东北画报》刚学摄影时，用的是苏联的菲德相机，到《人民日报》用上了徕卡相机。要想照出好照片，必须动脑子，勤观察。一天里要注意早中晚光线的不同，一个对象要把握高低、正侧面角度不同。采访时，端着相机跟着跑，眼到手到，目测对象，调整相机的光圈和速度，瞬间完成，还必须准确。说手疾眼快，一点儿都不夸张。

摄影组的工作是紧张而忙碌的，有人在外面跑采访，有人留守家中做内勤。我有一段时间做内勤，想一边在家，一边采访些首都的新闻，可以多发几张照片。那时候，发一张照片，可以得几元钱稿酬。实行

《黎族人家》，20 世纪 50 年代摄于广西（纳一 摄）

工资制以后，我被评为行政十五级，工资不算很低，但是我家里五口人，平日里用度并不宽裕。

我愿意多拍片，更愿意被报社或其他单位选用。当时，如果片子拍回来没选用或用得少，就要做检查。记得 1958 年 1 月，我去鞍山采访，计划通过炼钢工人李尚忠（人大代表）来展现鞍山这个钢铁城市工人阶级的干劲儿。在实际拍摄中，我感到只拍摄一个人很难反映这一主题思想，就自作主张，计划按照画刊要求拍出一套来，再按照新闻版面的需求拍一套，觉得这样两全其美，编辑可以任意选用。冬季在鞍山拍片，室内摄影又居多，感觉感光掌握得不好，废了一些胶卷。如按一个主题最多几个胶卷计算，我用的胶卷超出了许多。结果回来后见报的只有一张，还是和主题无关的一张。到北京以后，我做了深刻的自我批评。这

1959 年 2 月，妈妈给孩子讲故事，刊登于《北京晚报》（纳一 摄）

件事让我得出教训，如果没有把握的东西，要先向领导说明情况，得到指示再行动比较稳妥。

借钱买表，是我难忘的事。1956 年我出差去广州，计划去两三个月。那时如果出差时间较长，可以预借一部分薪金，我就借了 150 元。常听说广州的手表好，便宜，好不容易去一次，我一到广州就买了块手表。去的时候天还冷，预计两个月就回来，谁知道这一次在广州前后四个月。到天气热的时候，单衣不足，就置办了几件，加上吃用，回家报账欠了许多钱，最后分期还清了。但在当时，我深刻检讨了自己"用公家钱便利了自己的损公利私的不道德"行为。时任《人民日报》驻广州记者站站长林里同志了解我在广州这段时间的所有情况。

在报社近四年时间，跟很多同事都很熟。我很佩服林洪，他性格刚强。郭渭是《东北日报》秘书长，大领导，但我们很谈得来，经常聊天。安文一还把儿子领来给我当学生，让我教他拍照片。

社长邓拓待人和蔼，一次见到我，问我为什么叫"纳一"这个名字，觉得很稀奇。我说，到了《东北画报》后，中华人民共和国成立了。我觉得实现了全国统一，纳天下于一体，我们党是最有希望的政党。我愿意坚定地跟着共产党，所以改名纳一。邓拓听完笑了，说，很有意义呀！

反右运动开始后，我受到很大影响，想换一个工作环境。1958 年我调到新华社，一个多月后，进入北京分社工作，一直做摄影记者，直到 1983 年离休。

第五版 一九五〇年二月二十五日 人民日報

首都人民

慶祝中蘇簽訂友好同盟互助條約

首都春節文娛活動

1950 年 2 月 25 日，《人民日报》第五版

阙 文

他拍摄了《我们热爱和平》

◎朱悦华　撰写

阙文（1923—2003），原名阙大成，曾用名阙里，1923年生于上海。祖父早年留学日本，擅长绘画。父亲在北京上大学，中华人民共和国成立后曾任上海邮电局工会主席。阙文曾在上海新中国法商学院社会系和北京新闻学校学习，1950年进入《人民日报》社。和他一起从北京新闻学校进入报社的有柯月霖、马忠艳、孟宪谟、钟立群、余章瑞、贺海等二十多人。柯月霖回忆："在学校的时候，阙文比较活跃，爱唱歌，会画画。"[1]

阙文到美术组当编辑，编辑《人民日报》头版上《我们伟大的祖国》图片栏目，每天刊登一幅照片。后来在全国产生很大影响的《我们热爱和平》就刊登在这个栏目上。这一栏目从1951年1月1日起，止于1955年12月31日。

工作之余，阙文还编辑出版了《波兰民间剪纸集》《抗美援朝画册》《反对美帝武装日本画册》等书籍。

阙文的同事、著名漫画家方成回忆说："阙文的'鬼点子'多，他编的图片画刊挺不错。"[2]

曾在《人民日报》摄影组工作、后任《中国摄影》杂志主编的袁毅平回忆说：

---

[1]2013年11月28日采访柯月霖的记录。

[2]方成，《往事闲谈美术组》，见《人民日报回忆录》，人民日报出版社1988年版，第379页。

我和阙文是同事，我们同在《人民日报》美术组工作。他非常聪明，爱好文艺。绘画、表演、写文章，尤其是电影理论、戏剧理论都很好。当时狄源沧、戴戈之、吴颂廉和阙文，号称摄影理论界的“四大金刚”。

阙文的摄影和暗房技术都好。那时候没有电脑，全凭自己的悟性和功夫。有时候他会把照片拼接上，拼得十分独特：他把照片撕开，撕的时候只撕药膜，薄薄的一层，然后再粘上。由于撕的是药膜，粘起来很容易，而且几乎看不出来痕迹。[1]

社长范长江对编辑记者要求很严，出了错往往在报纸上标示出来，以便大家接受教训。有一次，阙文在付印大样上贴错了一幅插图，除自己认错外，连部门领导华君武也写了检讨。[2]

1952年5月31日，阙文拍摄了著名的照片《我们热爱和平》。

阙文多次接受采访，谈起这张照片的拍摄过程：

那是1952年的儿童节前夕，当时我负责《人民日报》版面里《我们伟大的祖国》这个图片栏目。根据周恩来总理“我们热爱和平，但也不怕战争”的精神，总编辑邓拓找到我说：“抗美援朝取得了很大胜利，当前的形势是要求全世界爱好和平的人民团结起来，争取保卫和平，只有团结起来才能够制止战争，才能保卫我们的下一代。”

这个主题很抽象，不太好表现，又不允许搞“客里空”（苏联话剧《前线》中一个善于捕风捉影的记者形象，后来泛指新闻中虚

[1] 巴义尔，《〈我们热爱和平〉：一张令无数英雄洒血无憾的照片》，见《烙刻：记忆中的影像》，作家出版社2006年版，第180页。

[2] 姜德明，《“举起酒杯来！”》，2012年4月22日《文汇报》。

1952 年 5 月 31 日，《我们热爱和平》黑白原片（阙文 摄）

构浮夸的作风）。我一夜没睡好，后来就想到了毕加索的和平鸽，又值儿童节，我就决定用儿童和鸽子来表现。

我和北京北海幼儿园联系，了解到他们那里养了一批鸽子，孩子们经常到北海公园放鸽子，我就在 5 月 31 日到了那里，同时来的还有其他一些单位的摄影记者，有《中国青年报》的、《健康报》

的、《体育报》的。我一吆喝，大家就都去了。幼儿园园长于陆琳带了一大帮孩子到了公园，每个人还抱了一只鸽子。

最初我拍了几张觉得非常一般，因为只是在人物和鸽子的形式上、构图上作了些安排，看不出儿童内心对鸽子的热爱，缺少内在的联系。于是，我用问话、交谈的方法，启发和诱导一男一女两个小孩儿，使他们在不知不觉中流露出真实的感情。

我看看男孩又看看女孩，摸了一下他们的鸽子，问道："你们两个的鸽子谁的好呀？"

男孩高兴而俏皮地说："我的好！"他看了一眼自己的鸽子，又看了一眼女孩的鸽子，然后紧紧地搂住鸽子，侧着脑袋，表现出一副非常得意的神情。

他的这种举动使女孩产生了强烈的反应。她立刻转过脸来瞧着他，赶紧说："我这个鸽子也很好！"

在这一瞬间，两个人物的情绪都达到了饱和点，我立时拍下了这幅照片。[1]

第二天正好是儿童节，这张照片在《人民日报》上发表了，反响很大。

照片中的两个孩子，男孩叫马越，不到六岁；女孩叫孟运，那年四岁。由于照片的影响力巨大，很长时间里他们都受到人们关注。马越后来担任贵阳市警察学校副校长；女孩孟运参加了海军，后来担任北京华联汽车公司副总经理、北京职业商贸学院秘书长。

当年 10 月，这幅照片被人民美术出版社的编辑安靖和邹雅制作成大幅彩色招贴画。照片原背景上有些树枝，美术编辑做了剪裁和修整，

[1] 巴义尔，《〈我们热爱和平〉：一张令无数英雄洒血无憾的照片》，见《烙刻：记忆中的影像》，作家出版社 2006 年版，第 178 页。

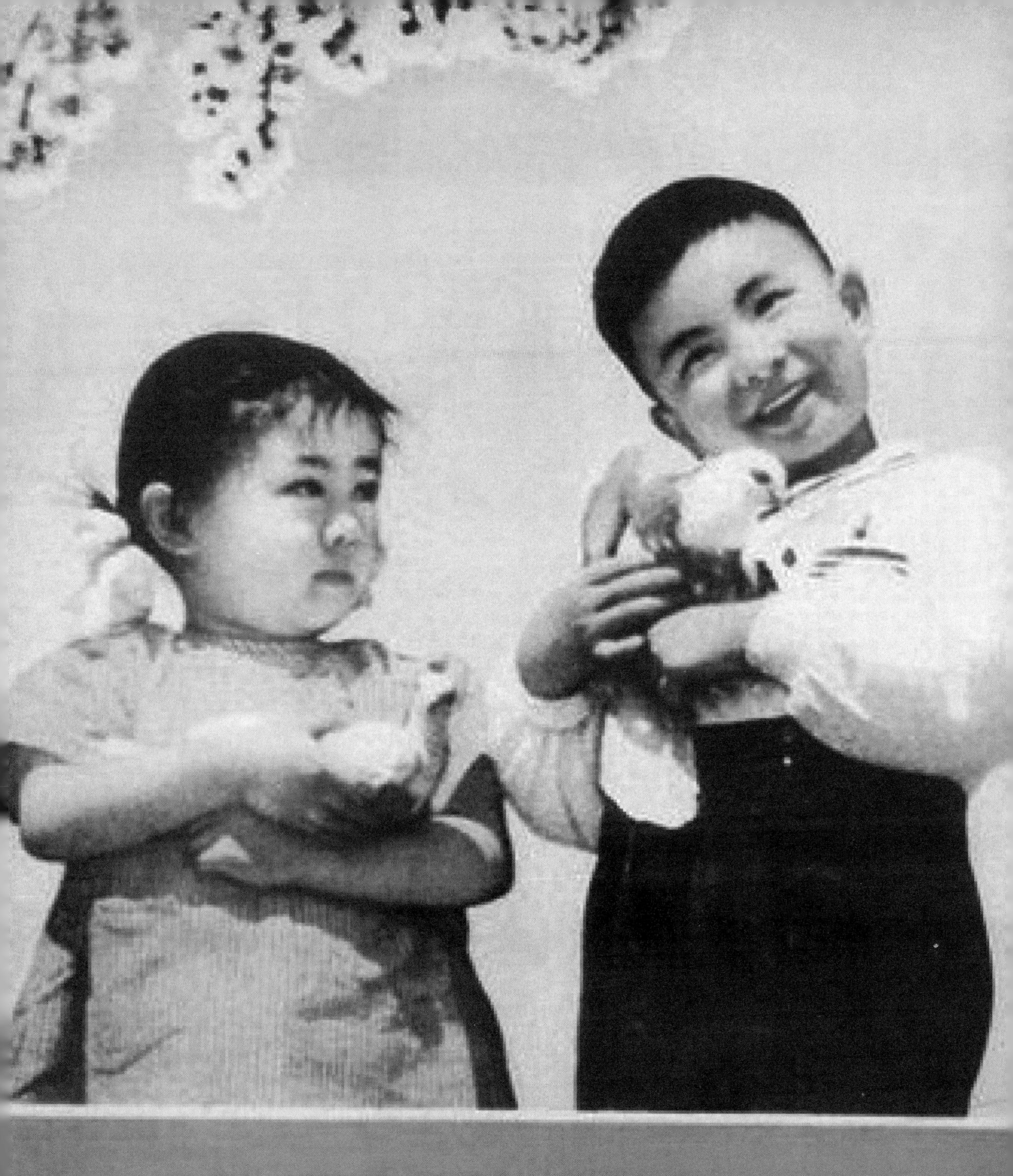

1952年，被制成宣传画的《我们热爱和平》

人民解放軍第二野戰軍解放西南特輯

人民画刊 第四十一期

商務印書館北京分館

開明書店出版初高中教科書

★中國青年叢書★

1950 年 3 月 4 日，《人民日报》第五版

加上了桃花，用儿童体书写了“我们热爱和平”六个字作为题目。招贴画第一版印刷了五百万张，此后还不断印刷，发行量很大。

《我们热爱和平》除各处张贴之外，还出现在信封、笔记本、明信片、搪瓷杯、茶叶盒、手帕和各种各样的慰问品上。作为鼓舞志愿军战士浴血奋战的富有特色的宣传品，朝鲜前线的志愿军战士人手一张。

当年任教于北京电影学院的苏联专家伊万诺夫看到了这张照片，鼓励阙文报考电影学院。阙文在《人民日报》社工作，报考电影学院需经过上级领导审批。时任中宣部部长的陆定一、中央办公厅主任杨尚昆都给予了支持。1956 年，时年三十三岁的阙文考入北京电影学院导演系，从此离开了《人民日报》社。因为他是《人民日报》记者，又翻译过俄文作品，上学后免修政治和外语。

1956 年学习期间，阙文拍摄了作为电影学院作业的短故事片《父子俩》，曾在古巴等国上映。1960 年毕业后，他在北京电影制片厂当导演，参加了《阿娜尔汗》（1962 年）、《彩蝶纷飞》（1964 年）、《烽火少年》（1975 年）、《春蕾》（1978 年）等影片的导演工作。他导演了《巨澜》（1978 年）、《元帅之死》（1980 年）、《寒夜》（1984 年）等影片，其中《元帅之死》位列 1981 年第四届“百花奖”前十名。《寒夜》参加了 1985 年戛纳国际电影节，获荣誉证书。

“文革”之后，阙文还拍摄了《不屈的桥》《大敌当前》《山魂》等多部电视连续剧，还创作电影剧本。他是中国电影家协会会员、中国摄影家协会会员。

阙文后来就没怎么再拍照片，就是拍了也很少发表，他全身心投入到电影事业。但是，《我们热爱和平》已经无可动摇地成为摄影史上的经典之作。

袁毅平

在《人民日报》和摄影结下深缘

◎袁毅平　口述，田玉香　李京立　整理

工人家的穷孩子

我于1926年10月7日生于江苏常熟鹿苑镇乡（现位于张家港市内）。父母在上海打工，父亲在果脯厂上班，母亲是纺织工人。家里有我和哥哥兄弟二人，在乡下跟外公生活。哥哥长我八岁。母亲生了几个孩子，但都没活下来，生我以后，很担心夭折。算命的说，破相就会长寿。母亲很为难，想来想去就给我扎耳眼戴个耳环。耳朵扎破也算是一种破相吧。从此我戴耳环长大。

七八岁时，隔壁有个先生在自己家里办私塾，我常去听。开始念百家姓、千字文，后来读正式的小学课本。八岁多，我正式上小学读书。二年级时，外公去世。我来到上海父母身边，哥哥到父亲厂子当学徒，后来到账房帮忙。

1937年秋天，上海沦陷，父母失业了，父亲就摆摊卖小吃。上海刚沦陷的时候，我们上海南市的人都被封锁在难民营，靠救济过日子。一年多以后我们才被放出来。父亲打工的果脯厂还在，他就去要点儿吃的回来。租住的房子被炸坏了，我们就借住在城隍庙附近的姑姑家，靠捡破烂生活。

照相馆里当学徒

汪精卫成立汪伪政府后，我继续上学到六年级下学期。父母无法在上海生活，回乡下了，让我留下来当学徒。房东的女儿在照相馆当账房，就介绍我到照相馆当学徒，那年我十三岁。

照相馆的老板郭青原是国民党元老之一，当过几年南洋领事、驻日大使馆领事，老了以后定居上海。日本人让他出来工作，他不干，说老了不能当汉奸。他喜欢照相，有徕卡、康泰克思两台相机，儿子让他开了照相馆，就是为躲避日本人纠缠。

我当学徒，叫练习生，规定三年出徒，然后还要在店里留干三年。我觉得机会难得，学得很用功。先生看我认真，就让我去学卡纸、修底片。学徒快两年的时候，上海补习学校招生，我想去，跟老板一说，他同意了，并表示愿意给我出学费，但要求我学英语。刚开始我英文考60多分，在学习班里排四十多名。第二学期考了第一名，免了下一学期的学费和书费。老板很高兴，让我去摄影室干活儿。摄影师是犹太人，平时讲英语。我跟他练习口语，帮他打灯、装片、裁片，帮助照相的人摆姿势。有人照证件照，就由我照，技术水平不断提高。

1945年后，照相馆一度没生意，我失业了，借住在一个远房叔叔打工的店里。早晨很早走，晚上十一二点才回去。白天就在黄浦公园闲逛，困了拿报纸盖住脸睡觉。幸亏遇到原来照相馆的着色师傅，他给了我一点儿钱。当时豆腐便宜，我每顿都吃豆腐。一两个月后，一个小照相馆招人，我马上去了，照相洗印都是我负责。两个多月后，原来的百乐照相馆重新开业，生意不错，我又回去了。

加入“谊友社”，走上革命路

回照相馆工作后，我继续上学。在班里我成绩好，影响大，同学中的进步青年就引导我看进步书籍，让我到时代书店买《青年近卫军》和高尔基的书来读，并吸收我进“谊友社”。这是个地下党领导的进步团体，时常交给我任务，比如送信联络等。

我有时到时代书店买书，被特务盯上了，就赶紧串弄堂跑。有时不敢在店里住，怕被特务抓，就跟老板撒谎说，去亲戚家住。老板心知肚明，并不追究。

1949 年 5 月，上海解放，组织上让我支援大西南。我参加了西南服务团，1949 年 10 月出发，到南京集训一个月，再坐火车到武汉，然后坐船到重庆。

1950 年，我进入重庆《新华日报》做摄影记者，同时又是文字记者。

初到《人民日报》摄影组

1954 年大区撤销，重庆《新华日报》停刊，人员重新分配。中央从《新华日报》调二三十人到北京，分别到《光明日报》、广播电台、外事部门。我到中组部报到时，接待我的人说，你是《人民日报》点名调的人，最好去《人民日报》，也可去别的地方，你考虑一下。原来《人民日报》知道大区撤销，从报纸上了解了一些记者，知道我的名字，所以点名要我。

我想我原来就在报社，工作比较熟悉，就表示愿意去。考虑到《人民日报》文字记者水平比较高，我恐怕比不上他们，就表示愿意做专职摄影记者。

1954 年 9 月，我到摄影组报到，朱波接待了我，组里他负责，是文字记者兼摄影，曾两次到新疆采访，每次时间都很长。回京后到陕西记者站当站长去了。

组里有二十几个人，一部分当编辑，一部分做记者。组员有苍石、高粮、张力、阙文、舒适（画地图的）、张光华（编辑）、连加弟、王志渊、纳一（《东北日报》摄影组调来的，比我早两周入社）等人。

1956年，又有吕相友、刘长忠、曹桂江来了。

朱波走后，苍石负责摄影组全面工作。大家都有分工条线，我管文教领域。

拍领袖照，难忘那声巨响

1955年以后，领导让我拍领袖照片。这本来是高粮负责的，他忙不过来，苍石就安排我做。

1955年6月底，领导安排我去拍胡志明来访。我一听说有机会近距离看见毛泽东，非常兴奋。那天我来到机场，见到了毛泽东、周恩来等国家领导人，我赶紧抓拍了几张欢迎的场面，赶回报社后把胶卷交给冲洗的师傅张居生。

回到办公室，我心里忐忑不安，过一会儿就打一个电话询问洗印效果。张师傅说，小袁你要烦死了！人家拍完怎么不像你这么着急！我急忙说，我不放心呀！今天我太激动了，清晰度怎么样？曝光成功吗？

相片在定影液里泡着，我就急忙跑去看了。晾干的时候又跑去看了看。直到看见照片还算合格，心里才踏实了。

接下来的几天，我跟随胡志明活动，拍摄他参观农场、幼儿园以及毛泽东陪同他在中山公园看晚会的照片，陆续登在报纸上。

胡志明要走了，临别前在北京饭店举行答谢宴会。我早早准备好，对准焦距，毛泽东与胡志明一握手，我立刻拍照。只听“轰”的一声巨响，我的镁光灯泡炸了！饭店大厅空旷，场内又安静，听起来格外震人。毛泽东受了惊，看了我一眼，把我吓着了。胡志明诙谐地用手指点了点我，因为跟随了几天，我们已经熟悉了，他知道我是《人民日报》记者。

北京饭店现场的警卫立刻找我，让我做检讨。我解释说镁光灯泡没办法事先预测使用情况。他说，那你就这么写吧，也是一种解释，你赶快换灯泡吧，别再炸了！否则两位领导人正举杯，你的灯泡爆炸，他们吓一跳把酒杯掉了，你就不是检讨这么简单了。我害怕极了，说：我们用新华社通稿吧，我不拍了。

刚回到报社，我就被总编辑邓拓叫去了。真是好事不出门，坏事传千里。我心里想，刚到报社没多长时间就出了这样的事，不知会怎样处理我呢。

邓拓一见我就问："小袁，在北京饭店是怎么回事？"我解释了一下。那时的镁光灯是在灯泡内装入镁箔，再用带电池的闪光器点燃，接通 6 伏电压的电流，镁粉燃烧时放出强烈的光。弊端是每闪一次光就要消耗一只闪光泡。我们的灯泡有两种，一种是英国产的奇异牌，一种是国产的业余牌灯泡。一般有重大事情的时候，我们都用奇异牌的，质量

1955 年 6 月 28 日，毛泽东等中央领导陪同来华访问的胡志明在中山公园观看文艺演出（袁毅平 摄）

好，一般不炸。可是难免有例外，偏偏让我碰到了。

邓拓问，新华社怎么没有这种情况？我说他们有万次闪光灯，是比较先进的，我们没有。万次闪光灯是德国的产品，预订后需要一年左右时间才能到货，若从香港买，也要三个月。邓拓立刻说，你回去马上打报告，做好预算，买！

我立刻照办。不久我们买了九个万次闪光灯。王志渊还诙谐地夸我：每人都用上了万次闪光灯，我们都要感谢你呀！

有了这难忘的第一次，以后机会多了，我拍了很多领导人照片，心情逐渐平稳了下来。

难忘的周恩来总理

20 世纪 50 年代，我拍了许多周恩来总理的照片。其中，周恩来机场迎接尼泊尔总统的图片，剪裁加工后参加大众摄影比赛，获得了一等奖。

周恩来平时很和蔼，记忆力超强，我们的名字他都记得清清楚楚。但也有严厉的时候。那是总理看见外国记者尽管西服革履，但工作时为了一个好角度，常常趴在地上抢镜头，不辞辛苦，而我们这些报社记者往往不如他们。周恩来严肃地说："公有制害了你们。工资国家发，吃苦耐劳精神不及外国记者，养成老爷了！"他严厉的话，今天想起仍记忆犹新。

同行是"冤家"

要说抢新闻，各报社记者都还是努力的。那时拍照片就像上战场。接待外宾时，领导人和外宾绕场一周，所有记者都紧张地端着相机，一边退步，一边抓拍，身上还带着闪光灯、电瓶、灯泡、胶卷，说全副武装一点儿也不过分。新华社总是老大，参加活动总是去几个人。我们通常只去一个。拍不回照片，完成不了任务，更着急。所以那时候，摄影记者常常吵得面红耳赤。有时候你刚找好角度，别的记者拍特写，一下站到了前面，挡住了镜头，急得后面人一把把他拽到旁边。记得有一次，新闻电影制片厂的人拽了一个记者，两人骂起来。事后，电影厂的人专门放给我们看那个记者始终在他镜头里的记录。

吵归吵，骂归骂，当时粗声大气，过几天碰面又和好如初，大家都是为了工作。尤其是那些年的“十一”，新华社有固定台子架在天安门广场不同角度，每次拍摄，大家都“厚着脸皮”往上爬。

1956 年 9 月，周恩来总理欢迎尼泊尔总统（袁毅平 摄）

无奈中离开《人民日报》社

反右使《人民日报》摄影组人心涣散，人人自危，好几个人先后离开了《人民日报》。当时，《太原日报》调我而我没去，因为那时中国摄影家协会要办《大众摄影》杂志，找我去摄影协会办杂志。

《人民日报》人事部门负责人成坊对我说：你愿意留，可以；走，我们也放你走。

我想，在这个环境下，还是走吧。调到摄影协会，正好可以学习。后来成坊又找我，说他们点名要你，我们放人。1957 年底，我离开了《人民日报》。

离开了《人民日报》，我常常想念总编辑邓拓。在社里工作时，邓拓喜欢古董字画，有时让我帮忙拍照。他很和蔼，待人热情，我们相处得很好。一次他从苏联回来，打电话叫我去。一见面就拿出一个精美的小皮箱给我，说是从苏联带回的基辅牌照相机，交给我拍照片用。我很

1956 年天安门广场“五一”群众游行（袁毅平 摄）

高兴，一直把它带在身边，离开报社时想带到摄影协会去。摄影协会的人说："不用带，协会有，连秘书都有相机。"我听信了。可是到了摄影协会，才知道协会只有一台徕卡，根本不够用。我赶忙回报社申请，希望能把那台基辅相机带到新的工作岗位，没被批准。到晚年，我还常常想念邓拓和那台基辅相机。

在《人民日报》工作了三年多，收获很大。那时年轻身体棒，出差机会多，锻炼多，能力提高快，为今后的工作打下了基础。如果没有反右风暴，我可能不会离开《人民日报》。我的离去实属无奈，现在还常常怀念在报社的日子和难忘的同事们。

勤奋，是我的切身体会

1958 年我到了摄影协会，工作到 1990 年离休。我的体会是，做人要实在，勤奋学习最重要。

在照相馆拍照与当摄影记者，是完全不同的。照相馆是摆拍，距离和光线都固定；而拍摄新闻时，人物是活动的，拍摄者要目测距离，随时调整光圈。刚做记者时，照葫芦画瓢，不会就学，看新华社《新闻摄影工作》杂志，照着做。《中苏友好条约》签订后，我第一次拍新闻照片，是老百姓挤在宣传栏前看报的场景。照片登出来以后，我很高兴，以后更是不断练习。后来，拍摄领导人照片时，是一边后退，一边调整，一边拍摄。我练就了手指一推准的能力，光圈、速度、距离，目测之后，用手指做标准，就知道动多少，拍起片子很自如。

另外，拍摄广阔的场景，因那时候没有广角，只能拼接。要拍准备拼接的图片，角度及转动都是需要技巧的。拍好几张片子以后，把洗好的照片泡湿，轻轻撕下纸浆，只留下最上面薄薄一层膜，然后把片子的拼接处撕成不规则犬牙边，几张拼在一起，下面用胶条粘好，送去制版。

我刚开始采访时，有文字记者一起去，后来任务多了，文字记者不去，就由我拍好片子，再写个消息。写好以后，编辑改得满篇花，成了“红脸关公”。我拿回来认真改，细心琢磨。不停地写，不停地练习，写作水平也提高了很多。纪希晨当时是新华社重庆分社编委，看我文字不错，把我调到工业组当了一年多文字编辑，直到调入《人民日报》。

不论是摄影还是编写，我都是老老实实从头学起。摄影伴随我一生，“实”字最重要。

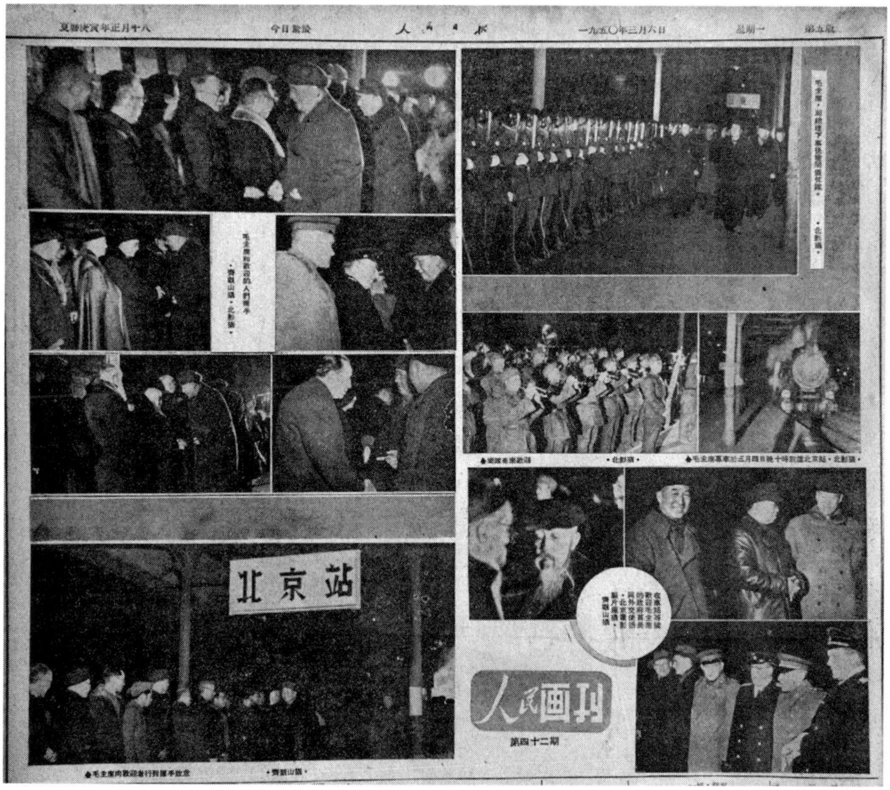

1950年3月6日，《人民日报》第五版

吕相友

在中南海摄影三十年

◎朱悦华　撰写

吕相友（1928—2007），中国著名摄影师。从 1957 年到 1990 年，他以《人民日报》、中国新闻社的中央摄影记者身份频繁活跃在党和国家领导人重要活动的现场。特殊的工作任务决定了他特殊的取材范围，他频繁地、多方位地接触新中国缔造者的重大政治活动，记录下大量珍贵的、多姿多彩的生动瞬间。他发表在报刊上的珍贵历史照片有两千多幅。先后有《毛泽东主席在北京》《周恩来和金日成在北京车站》《邓小平在北京》《陈云和邓颖超在人民大会堂》《滇南秀色》《油棕果》等作品获奖。

吕相友在长期的新闻实践中总结出了“一要快，二要准，三要自然”的拍摄心得。他凭着敏锐的才思、深邃的洞察力、独特的审美感受以及熟练的艺术技巧，攫取了一个个生动、自然、富有典型意义的历史瞬间。他提倡新闻摄影和文字要比翼双飞、图文并重。他出版了《开国元勋》《伟人周恩来》《小平您好》《领袖风采》等大型画册。他在国内外多次举办个展和联展，多次获奖。1985 年，他与侯波、吕厚民在纽约联合举办“毛泽东、周恩来、邓小平摄影图片展览”，受到国内外关注。

重建《人民日报》摄影队伍

1928 年，吕相友出生于吉林省柳河县孤山子乡一个贫苦农家。十岁那年，渴望读书的吕相友被父亲送入学堂。当时，吕相友只有小名没有大名，老师为其取名“吕相友”。后来，朋友开玩笑说吕相友天生就是搞摄影的——照相之友。

小学毕业后，吕相友在日本木材株式会社做苦力。1947 年，十九岁的吕相友参加了东北民主联军，成为文工团里一名吉他手。1948 年夏天，他被东北野战军抽调到哈尔滨《东北画报》社，在摄影速成训练班学习，师从著名摄影家郑景康。在一架相机几十人轮流使用、简陋的房子充当暗室的艰苦锻炼中，吕相友开始了他的职业摄影生涯。培训结束后，吕相友作为战地摄影记者，参加了辽沈战役和平津战役。1950 年，吕相友参加了中国人民志愿军，第一批奔赴抗美援朝前线，冒着生命危险在炮火纷飞的战场上拍摄了大量战地实况照片，荣立三等功。1953 年，吕相友从朝鲜回到祖国，在中国人民解放军第四十二军宣传部任摄影组组长。1957 年，他进入《人民日报》社任摄影记者。

1957 年反右开始前，《人民日报》美术图片组多达二三十人，编辑《人民画刊》和一版报眼《我们伟大的祖国》等图片专栏。反右过后，只剩吕相友一个专职摄影记者。

1958 年，吕相友担任摄影组组长。三年困难时期后，吕相友开始重建《人民日报》摄影队伍。在中央美术学院学过半年多绘画就辍学的蒋铎、译电组喜欢摄影的王东，都被吕相友调到摄影组。1965 年，他要来了从北京工艺美术学校毕业的王景仁、卢传友、许林。“文革”开始后，颇具摄影禀赋的吴冷西办公室秘书刘振祥一时无事可干，被吕相友要到摄影组当了组长。刘振祥到职后，吕相友为副组长。1967 年，从部队调入《人民日报》的孟仁泉和沈进，被吕相友要到摄影组，手把手教他们怎样使用光圈等摄影技巧。

经过多年努力，吕相友在《人民日报》重建了一支年富力强的摄影队伍。他还向上级申请，为大家争取采访中央重大活动的机会。摄影记者的名单在中央警卫局备案，凡有重大活动，警卫局会直接打电话通知记者。当时，《人民日报》总共有两部与中央领导部门直接联系的“红机子”（保密电话），一部装在秘书室，一部装在摄影组。摄影组的这部是吕相友争取来的。

20世纪五六十年代，新华社摄影记者人数多，设备精良，工作采用流水线作业。摄影记者拍完照片，将胶卷交给编辑就算完成任务。《人民日报》的摄影记者人数少，工作任务繁重，要负责从摄影、冲洗制作到拼版的全过程。“有时为了赶时间，吕相友在天安门城楼上拍了照片，装到袋子里，从城楼上扔下来，传达室派人在下面接着，赶紧拿到暗房去制作，等吕相友散了会，胶卷也洗出来了。”[1]

吕相友爱摄影如命，他心脏不好，经常累出一身冷汗，就在现场找个地方躺下来，一动不动，直到缓过气来。

吕相友富有正义感、同情心。著名漫画家沈同衡被打成右派后，安排在图片组整理资料，吕相友经常向他请教问题。苍石被打成右派后，吐血不止。吕相友和传达室职工王德全把苍石送往协和医院，医生说治不了，他们又找到一位老中医，吃了几服中药后，逐渐好转。吕相友天天给苍石煎药，还给苍石的孩子送来干粮。“在鬼也不敢上门的时候，恩人吕相友和王德全救了我一命，也救了孩子们。”[2]

“文化大革命”中，吕相友也靠边站了，但摄影组一些重大问题还是他和大家一起出谋划策。他平时话不多，一两句话却让人终身受益。摄影组的很多同事都得到过他的热情相助。

“文化大革命”刚开始，每逢过年过节，毛泽东上天安门城楼发表讲话，报社只有吕相友一个名额能上天安门。为了让更多记者能拍到毛

[1]2013年10月22日采访王东口述。

[2]2013年11月18日采访苍石口述。

泽东的正面像，吕相友想办法从国外买进了三台长镜头，架在金水桥下，让另外几名摄影记者从正面拍摄毛泽东。此后就有了金水桥下架长镜头拍毛泽东的做法。

抓住瞬间的永恒

1961 年 9 月 29 日，吕相友跟随中央领导人来到首都机场执行拍摄任务。当时外宾尚未到来，日理万机的领导人有了片刻闲暇。周恩来习惯性地环抱双臂，微笑着；朱德面带微笑，心情十分愉快；贺龙用手支着下颏，正与董必武亲切交谈；稍远的地方，习仲勋与包尔汉凝神望着远方；刘少奇手拿香烟，正往周恩来这边走来……

吕相友心中一动，快步走到周恩来附近，选好位置等候着。当刘少奇走到周恩来身边时，他毫不犹豫地按动了快门。一张生动反映领导人性格特点的照片诞生了。二十五年后，吕相友举办“吕相友摄影艺术”展览，展厅中最引人注目的就是这张照片——《在飞机场上》。[1]

1966 年 8 月 18 日，毛泽东第一次接见红卫兵。数以千万计的红卫兵簇拥在天安门城楼周围。毛泽东一改平时穿中山装的习惯，穿上了绿军装。军装是从警卫局临时借来的，穿在毛泽东身上显得有些紧巴。吕相友在离毛泽东不足 1 米的城楼栏杆边探出身子拍摄了这张军装照。

照片最早发表在 1966 年 8 月 19 日的《人民日报》报眼上，十分醒目和突出。照片是黑白版，没有署名。当天的报纸上，与这张照片相呼应的大幅通栏标题是“伟大的领袖伟大的统帅伟大的舵手毛主席万岁！”“毛主席同百万群众共庆文化大革命”。

照片很快被人民美术出版社制成彩色宣传画在全国发行。解放军将它制成纪念章，后来甚至茶杯、书包、笔记本上都有这张照片。它还被

[1] 邱丰，《镜里波澜 30 年》，人民出版社 2007 年版，第 128 页。

《在飞机场上》（吕相友 摄）

制成邮票，大量发行。“文化大革命”结束后，以这张照片为图案的邮票在香港售价高达数千元。

在这次接见后，“红卫兵”一词正式成为公开名词。这张照片成了“文化大革命”最鲜明的符号之一。由于这个原因，一些新闻摄影史研究者对这张照片有不同的看法，但普遍认为从新闻摄影的角度看，摄影者的努力抓拍是值得肯定的。

1966 年秋冬，在天安门城楼上，八十一岁的美国女记者斯特朗手里拿着一本《毛主席语录》，请毛泽东为她签名。吕相友注意到，斯特朗的左臂上也戴着红卫兵袖章，他赶紧抓拍下了这张不寻常的照片。不久，斯特朗看到学校停课、学生造反、批斗老师等行为，陷入了深深的思索，对这场“革命”的意义产生了怀疑和反思。[1]

思考的镜头

1979 年，吕相友调到中国新闻社任编委兼摄影部主任。他在《人民日报》工作了二十二年。

早年拍摄毛泽东，吕相友一心想把毛泽东的形象拍得高大、光辉，到 20 世纪 80 年代拍摄邓小平时，他更着眼于领导人自然、生活化的一面。对吕相友来说，这实际上是将领袖还原为普通人的过程，他的镜头多了些思考和理性色彩。

1980 年，吕相友参加了公审江青、张春桥、姚文元、王洪文、陈伯达等全过程，他以新闻图片的形式对法庭活动做了报道。他拍摄的《被告席上的江青》一组照片，被中国新闻摄影学会评为全国好新闻照片奖。

1981 年 7 月 18 日，邓小平在人民大会堂以中共中央副主席的身份会见金庸。会谈结束后，邓小平谦和地让金庸先走，金庸微微躬身，示意邓小平先行，邓小平微笑的表情，金庸礼貌的神态都非常生动，一旁的吕相友没有放过这个场景，抓拍了下来。

吕相友除了长期拍摄党和国家领导人的政治活动外，还奔赴全国各地，拍摄了很多普通人的生活瞬间和美丽的自然风光。如《油棕的早晨》《牧羊》《母子》《父子》等都是独具匠心的优秀作品。

“历史是一面镜子，摄影机又是历史的镜子。”吕相友直到 1989 年进藏采访十世班禅后才退休。1986 年，他作为“马可波罗足迹”中国摄影家领队，重走了七百多年前马可波罗来中国走过的路线，留下大

[1]《81 岁“红卫兵”斯特朗》，见邱丰，《镜里波澜 30 年》，人民出版社 2007 年版，第 56 页。

1966 年 8 月 18 日，毛泽东在天安门城楼上接见红卫兵（吕相友 摄）

量珍贵照片。吕相友曾担任中国摄影家协会常务理事、首都新闻摄影协会副会长。2006 年，中国摄影家协会授予吕相友“突出贡献摄影家”称号。

“一生摄影无愧悔，只为留下此瞬间。”这是吕相友摄影生涯的写照。

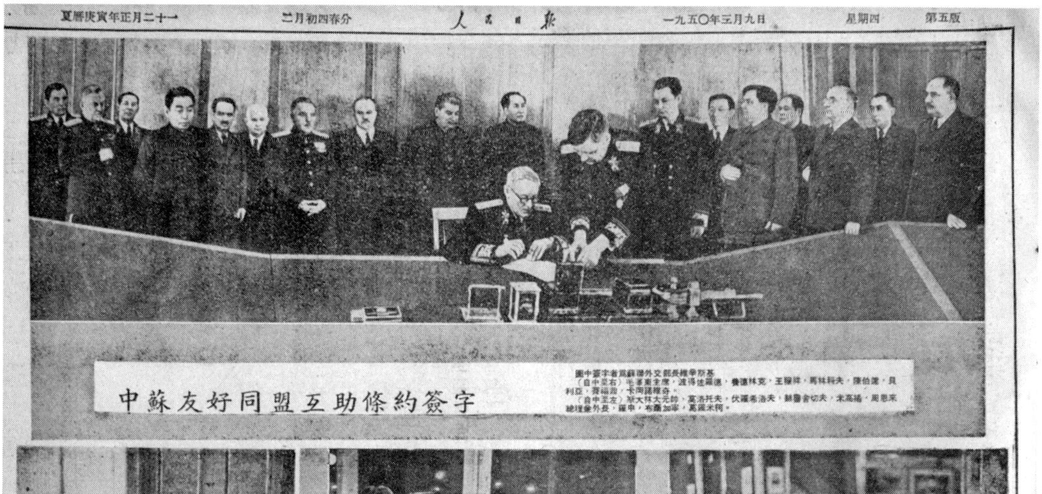

夏曆庚寅年正月二十一　二月初四春分　人民日報　一九五〇年三月九日　星期四　第五版

中蘇友好同盟互助條約簽字

圖中簽字者爲蘇聯外交部長維辛斯基

蘇聯最高蘇維埃主席團主席什維爾尼克招待我政務院總理兼外交部長周恩來。
招待會上我駐蘇聯大使王稼祥和蘇聯最高蘇維埃主席團秘書高爾金都曾出席。
照片中：從左至右：高爾金、周恩來、什維爾尼克和王稼祥。

毛澤東主席及其隨行人員在莫斯科斯大林汽車工廠

毛澤東主席及其隨行人員參觀莫斯科斯大林汽車工廠的文化宮。

毛澤東主席在「光」集體農場與該農場主席人·阿里達羅維奇在管理部中談話。

毛澤東主席及其隨行人員訪問莫斯科州克拉斯諾哥爾斯克區的「光」集體農場，圖爲參觀該集體農場的暖房建設。

人民画刊

第四十二期

1950 年 3 月 9 日，《人民日报》第五版

陈　志

透过镜头的不倦追求

◎陈志　口述，田玉香　李京立　整理

追求进步的经商世家子

1929年5月，我生于北平，原名刘春生，家住王府井锡拉胡同原9号。我少年时就读于北平育英中学，直到高一。那时家里生活十分富裕，但因父母离异，给我的生活留下了阴影。

我祖父刘慎德，又名刘子言，中华人民共和国成立后任北京市崇文区（今北京市东城区）政协委员，出生在山东掖县（今山东莱州市）一个农民家庭，清朝末年只身到北京闯荡，赚钱后在前门外开了一家名为"振德兴"的商行，专门从事手工艺品出口贸易。当时很多业界人士不懂出口贸易，便将货物交给"振德兴"出口，私下里称其为"鬼子行"。

我父亲刘仁术在家排行老二，家中有一兄长和三个妹妹。1928年，他从北平财商学院毕业后，一面协助父兄发展实业，一面在燕京大学学习制革技术，后来自己开办了一家硝皮厂和一家商店。"九一八"事变后，北方民族工商业举步维艰，难以为继。父亲开始领悟到"实业救国"没有出路。1939年我祖母去世，在办丧事期间，经友人介绍，父亲结交了中共地下党员黄浩（时任平津情报处主任，由晋察冀中央局社会部领导）。黄浩向父亲详细介绍了抗日民族统一战线和共产党八路军抗日的情况。

1939年秋天，父亲和继母费路路加入了北平地下党领导的革命斗争。父亲利用自己的便利条件和日伪华北皮革协会会员的身份，掩护中共地下党活动，在工商界爱国人士中宣传抗战，及时向中共组织提供敌占区政治、经济、军事等方面的情况。

1943年，黄浩身份暴露，为躲避日伪追捕住进我家。父亲为他搞了一张良民证，谎称去颐和园玩儿，结果坐着汉奸的汽车出了城，安全回到根据地。

1945年初，甘陵（中华人民共和国成立后任中共中央西苑机关副部长）由抗日边区来到北平住在我家，直接领导我的父母。他向我们讲革命道理、讲形势、教唱革命歌曲。一天，父亲召集我们兄妹三人和家中厨师在甘陵面前讲革命纪律，再三强调保密的重要性，最后要求我们做到假如被捕，打死不向敌人泄密。我们做出保证后，参加了油印和传递毛泽东著作《论联合政府》、记录延安广播消息以及联络放哨等工作，直到当年11月。

投奔解放区学习美术

1945年9月，父亲只身前往张家口解放区。1946年初，国民党要来抄我家，地下党提前半小时通知了我的继母，于是大家分头躲了起来，我和弟弟直接去了张家口解放区。我家在锡拉胡同这套大宅院被国民党占了，何思源时任北平市市长，一家人住了进去。后来他为北平和平解放做出了贡献。中华人民共和国成立后，这套房子归还我家，父亲将这所大宅子捐献给了国家。

我到解放区后，正值华北联大招生。由于从小喜欢美术和摄影，我考入华北联大美术系。当时美术系的教师都来自延安鲁艺，称得上一代名师，有江丰、胡一川、王朝闻、古元、罗工柳、王式廓、彦涵等人。开学后没多久，师生们分批到各地参加土改。我和部分师生去了山西天镇县搞土改。

1946年秋天，傅作义派兵进攻张家口，联大师生向南转移，到了河北束鹿县（今河北辛集市）。

1948年春天，华北联大与北方大学合并，改名华北大学。年底平津战役期间，中共调集大批干部组建北平军管会，准备接管国民党的党政军及院校等单位。我们美术系的师生分成三个组，分别参加北平、天津和太原三地的军管会。我被分到北平军管会美工队，进入北平后参加了为召开全国政协会议布置怀仁堂和为庆祝党的生日布置先农坛的工作。

之后，我参加接管北平国立艺专。这所学校很快改名为中央美术学院，并设立了美术干部培训班，我们这些来自华大的同学就在这个班继续学习。毕业后，我留校在辅导科当行政干部，做学生工作。

我的摄影生涯从北平解放开始

父亲年轻时喜欢摄影，家里有架相机，我小时候就喜欢摆弄它。上中学时常跟父亲去买一些当时著名摄影师拍的照片，然后自己学着照。

1949年1月，北平和平解放，解放军在前门大街（陈志 摄）

1949年2月3日，北平举行庆祝和平解放的解放军入城式，我拿着伯父新买的徕卡相机跑到北平前门火车站附近拍照。当时人很多，场面十分热烈。有几个孩子见到炮车开过来了，兴奋地跳了上去，坐在炮筒两旁。我觉得这个场面很动人，就拍了下来，除此之外还拍了几张解放军入城式的照片，记录了那个激动人心的场面。其中一张北平儿童坐上炮车的照片原本是我初学摄影的习作，拍完了就存放起来。没想到它的历史价值随着时光流逝而突显出来，终于发表在《人民日报》1989年9月14日第六版。现在想来，我的摄影生涯就是从那时开始的。

到重庆《新华日报》当美编

1952年，组织上调我到重庆《新华日报》工作，我与爱人张中心举行了婚礼，然后一起赴川。

那时候去四川，交通十分不便，我们到达武汉时偏偏错过了去重庆的客轮，只好搭乘一艘小型拖轮先去宜昌。这条船白天行驶，晚上停下来，船员们开会搞“三反五反”运动，结果走了整整七天才到达宜昌。之后我们搭乘民生船舶公司的客轮又走了七天，终于到达重庆。

四川是天府之国，物产丰富，价格低廉，但工业和交通都十分落后。记得修建成渝铁路时，铁路工人只能住草屋。为了解决住的问题，铁路部门派人到乡下大量收购稻草。当地的老百姓从没见过火车也不知道火车是什么东西，他们看到收购的稻草数量极大，十分惊讶地说：“火车这个牛，草吃得太多了。”

我到《新华日报》后投入“三反五反”运动，接管了一家位于解放碑附近的私人照相馆。当时报社没有暗房，冲印工作就在那家接收过来的照相馆进行，领导分配我做这件事。除了负责照相洗相，我还管照相馆的经营。实际上从那时开始，我便干起了专职摄影。

之后我到《新华日报》社主办的《大众画报》做了一年美术编辑。那时做美编要编绘连环画脚本、填色，然后送印刷厂付印。《大众画报》深受群众欢迎，发行量也很大。

记得《新华日报》社从安全角度考虑打算增设门岗，社长常芝青（后来任《光明日报》总编辑）知道后当即反对，他说："报社是联系群众的地方，不是衙门口，不要将群众拒之门外。"

1954 年，西南局撤销，《新华日报》划归重庆市。我随《大众画报》编辑部离开重庆来到成都，在四川文联美工室工作了三年。

来到《人民日报》美术组

1956 年，《人民日报》扩版，华君武通过中组部将我调入《人民日报》美术组。当时美术组的领导是华君武，成员有苏光、方成、英韬、苗地和沈同衡。其中苏光是版画家，另外几位是出色的漫画家。我原名刘春生；英韬原名杨筠生，是我在华北联大时的同学；苗地原名苗果生，大家戏称我们三人是"三生有幸"。

美术组负责刊登漫画，还要刊登美术作品。漫画以外的事我都管，摄影自然而然成了我的主要工作，我渐渐变成了美术组的专职摄影编辑。

见报的雕塑、美术作品和工艺美术作品大都需要拍成照片后制版。当时彩色照片不能直接制版，需要翻拍才行。当时领导还有一个要求：优秀美术作品要抢在其他报纸之前登出来。于是全国各地有美协的地方我都要去组稿。

我那时经常去参观美术作品展览，美术展上的作品很多是放在玻璃镜框里的，拍摄时最大的困难是如何解决玻璃反光问题，以当时的摄影器材不是加个偏光镜就能解决问题的。我经过反复试验，终于找到一套遮光的办法，隔着玻璃也能拍出不反光的照片。

1961 年 7 月，报社楼顶打麦场，屋顶上的毛驴（陈志 摄）

20 世纪 50 年代，中国农村发生了许多变化。我多次到农村去拍摄农牧民的生活，代表作有《小羊倌》《人民公社司号员》《渔民修堤》等。

“三年困难时期”，为了让报社职工多吃到一口粮食，报社在郊区种了一片小麦，成熟时怕被偷割，就提前收割，将王府井的报社楼顶变成了打麦场。1961 年夏季的一天，我听见屋顶上轰隆隆地响，别人告诉我是毛驴上了房顶，轧麦子呢。赶毛驴的是个女干部。中午大家休息，我偷偷拿了相机跑到房顶，拍摄了正在轧麦穗的毛驴，回来冲洗后悄悄藏在书里，不敢给任何人看见。当时首都很繁华，屋顶上扬场弄得半条街都是灰，但我不敢说，怕别人说我“抹黑”。“文革”以后，我悄悄把照片拿出来，在《人民日报》内部亮相。大家看见照片中屋顶麦场上的毛驴，背景中的四联美发店、协和医院及王府井街道上的无轨电车，都说我的照片是对历史的一个可贵记录。

我对摄影的一些看法

“文革”期间，美术组和摄影组合并。除了下放劳动，我一直在搞摄影。“文革”结束后，美术组和摄影组分家，我又回到美术组。

1980 年，我再次被调到摄影组。当时见报的新闻照片多数是由新华社提供的，我们的主要工作还是出画刊。当时是一个解放思想的年代，为了把画刊办得更吸引人，我在组里提出，画刊的内容要有知识性、趣味性。一开始我的意见没有被接受，领导曾在大会上批评我，说提出画刊要有知识性和趣味性，是犯了方向性错误。我坚决不承认、不检讨。后来胡耀邦总书记提倡报纸要有可读性之后，就没人再提这个问题了。

1982 年我加入了中国摄影家协会。1984 年拍摄的《共青城》（合作）获农垦摄影比赛一等奖；1986 年作品《女生态学家徐凤翔》获全国新闻摄影铜牌。

摄影，作为一种超越文字的世界语言，一种形象的现代信息载体，大大缩小了空间距离，人们坐在家里，就能领略丰富多彩的无限风光。

1985 年，我已年近花甲，去了多个边疆少数民族聚集区拍片。拍摄了西藏喇嘛寺庙举行的庄严、肃穆和欢乐的瞻仰大佛盛典，藏族同胞隆重、热烈的婚礼仪式，还有云南傣族同胞逢傣历新年时节男女老少相互泼水祝福的狂欢景象。从黑龙江的林海雪原到新疆最北端充满神秘色彩的喀纳斯湖都留下了我的足迹。在喀纳斯湖拍照时，我幸运地拍到了喀纳斯“湖怪”，该照片在 1986 年 12 月 22 日的《市场报》发表。1985 年我到西藏采访三十一天，拍摄的照片分别编辑成两个画刊，以“西藏在崛起”为题刊登于 1985 年 8 月 25 日的《人民日报》，同年 9 月 1 日的《人民日报》（海外版）以“欢乐的新西藏”为题刊登画刊。

1990 年我选出五十九幅彩色照片，出版了摄影集《边地风采》，出版后受到许多美术家的喜爱。影集中的《两位长寿老人》《高原牧童》《新市场》《法号声声》《草地小学生》《婚礼》《铜佛之最》《芳草地》《高高的新疆杨》等照片被《中华》《中国旅游艺术摄影》等画册选用。中国摄影家协会副主席袁毅平在《边地风采》的序言中说：“他对我们祖国边疆有着强烈的爱，那里的一草一木，人情风俗都是他十分眷恋的。对于兄弟民族同胞的感情，更是毫无保留地留在意境幽深的画面上。”

多年来我用心拍摄新闻人物照片，在用光、构图上下功夫，力求捕捉美好传神的一瞬间。这些图片有邓小平、胡耀邦、杨尚昆、王震、钱其琛、王丙乾、荣毅仁等领导人；也有中外艺术家吴作人、叶浅予、栗原小卷等人。我拍摄的于是之和黄苗子的肖像，参加了报社老干部局举办的人像摄影展览。20 世纪 90 年代，我在报社举办了“百人人像

1985 年 6 月，女生态学家徐凤翔在西藏林芝考察（陈志 摄）

摄影展”。

举起相机，将瞬间变成永恒，一干就是几十年。为能拍出“富有人情味”“情绪自然生动”“现场气氛热烈”的好照片，我觉得摄影记者要做到几点。

首先是多跑、不怕苦、不怕累，环境好的地方要去，环境差的地方更要去。

其次是不断学习，提高业务水平。新闻摄影涉及美学领域里的东西很多，无论是自然美还是社会美，都是通过摄影形式表现出来的。研究造型艺术中美术和摄影的关系，有助于拍出好照片。

第三是思想敏锐，抓住机遇。世间的事物千变万化，稍纵即逝。拍照时先不要考虑能否见报，重要的是先将重大事件和突发事件真实地记录下来。

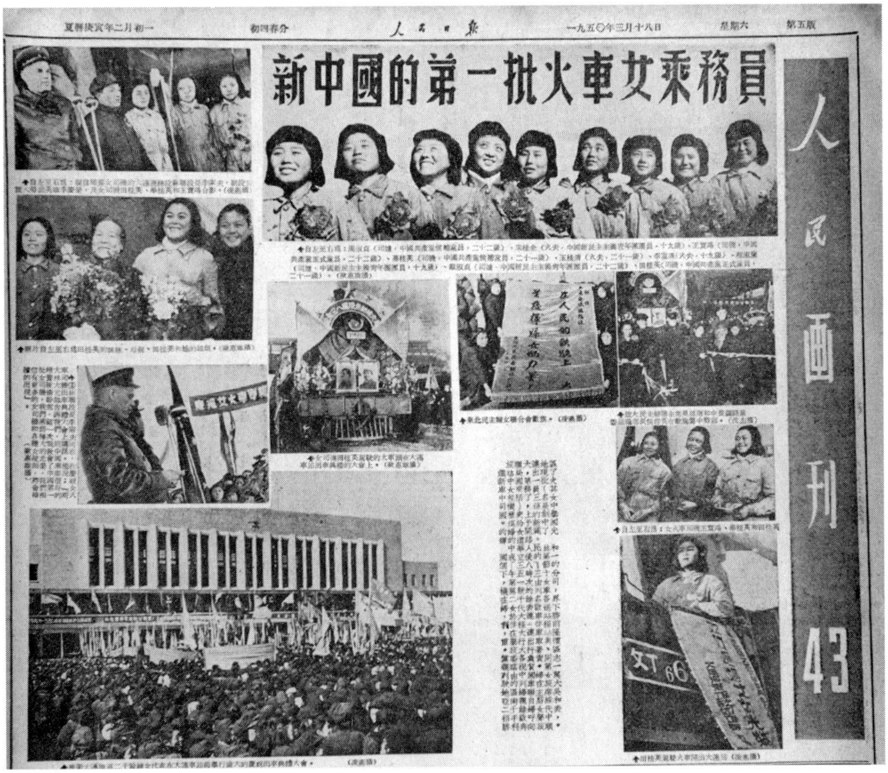

夏曆庚寅年二月初一　初四春分　人民日報　一九五〇年三月十八日　星期六　第五版

新中國的第一批火車女乘務員

人民画刊

43

1950 年 3 月 18 日，《人民日报》第五版

刘振祥

亲历“文革”中的《人民日报》摄影组

◎刘振祥　口述，方红　田玉香　整理

1948年冬天，我随邯郸新华广播电台编辑部二十多人一起调到《人民日报》社，在电台总编辑肖风带领下，于1949年1月3日来到河北平山县东焦村，受到《人民日报》社社长张磐石等人的热情欢迎。

1949年2月初，《人民日报》工作人员由平山分批进入北平，进城后我被分配到资料室工作，这年11月我入了党，并于同年12月调到副总编辑安岗办公室工作，从此我先后担任王揖、吴冷西等《人民日报》正副总编辑秘书工作多年。

进入摄影组　从事摄影工作

1966年，我在总编辑吴冷西办公室当秘书，摄影组组长吕相友知道我爱好摄影，多次提出调我到摄影组工作，由于工作离不开未能如愿。

1966年5月31日下午，陈伯达率中央工作组来报社“夺权”，召开了部门领导人会议。陈伯达当晚宣布：从现在起，由工作组来领导《人民日报》，报社领导不得插手，各部门的领导也要调整，推选部门新的负责人。

这天，吴冷西比平日走得稍晚一些，临走时对我说：“今晚陈伯达来了，让他在我办公室工作，我不来了。”当晚，报社主要领导人不再上夜班看版面了。6月1日，《人民日报》一版以通栏标题，发表了陈伯达主持起草并由他拟题的社论《横扫一切牛鬼蛇神》，极大地煽动了

1970年9月，北京知青在内蒙古草原放牧（刘振祥 摄）

“文革”思潮，给中国人民带来巨大灾难。

陈伯达率领的工作组夺了吴冷西的领导权，吴冷西“靠边站”停止了工作，我的秘书工作也随之结束。此时吕相友和我商定，趁待分配工作之际调到摄影组，后经总编室领导同意，1966 年 6 月初，我来到摄影组和吕相友一起负责摄影组的工作。

我在摄影组工作的前十年，正是“文化大革命”动乱的十年，也是《人民日报》摄影组历史上工作任务最繁忙的年代，摄影工作中遇到过许多重大政治事件，令我终生难忘。

送审照片　难忘的记忆

“文革”开始以后，毛泽东主席公开活动增多。1966 年 8 月 18 日，毛泽东在天安门城楼第一次接见“红卫兵”，此后近四个月内先后八次检阅“红卫兵”。每次接见后，《人民日报》都要用大量版面刊登毛泽东照片。为了避免发生重大差错，中央文革小组规定，报纸刊登毛泽东照片必须送中央负责人审定。1966 年国庆节，毛泽东在天安门城楼检阅群众游行队伍的照片，是送给时任中央书记处常务书记兼宣传部部长陶铸审定的。

1966 年 10 月 1 日晚 10 时左右，我带着十多幅毛泽东照片，驱车来到中南海陶铸家。陶铸 6 月初从广东调来中央工作，当时住在杨尚昆的原住房。主房一侧是客厅，另一侧是书房，室内陈设简单。陶铸热情地把我领进书房，让我把照片放在一张靠窗的桌子上，他一边挑选着照片，一边加以评论。大约选了五六张照片后，站在一旁的陶铸夫人曾志看见陶铸选的毛泽东照片少，便说：“毛主席吆，多选几张。”她也动手挑选了两三张。陶铸对我说：“多选几张也好，你们好选择用。”

1966 年国庆节，《人民日报》从 10 月 2 日至 5 日，连着四天刊登

1970 年 5 月 20 日，毛泽东主席和周恩来总理在天安门城楼上（刘振祥 摄）

了毛泽东照片十五幅，这是历年国庆期间，刊登毛泽东照片最多的一次。国庆节过后不久，陶铸受到冲击，不再审定照片了，改送中央文革小组陈伯达和姚文元来审定。

中央文革小组办公室设在钓鱼台 8 号楼，我们每次去送审照片时，只能在楼道内把照片交给秘书，连陈伯达和姚文元的影子都看不见。

不过也有特殊的时候。1967 年 10 月 3 日晚 9 时左右，陈伯达和姚文元突然来到《人民日报》摄影组办公室。进门后姚文元问我："明天见报的毛主席照片搞好了没有？"

为了避免他们久等而走掉，我有意把照片制作时间往前提，说："过一刻钟就可以搞好。"姚文元说："那我们就在这里等一下。"我们就让暗房的师傅赶快把定影未足的几张毛泽东照片进行上亮。

此时，姚文元坐在沙发上，陈伯达坐在一张办公桌前。闲坐无事，陈伯达问我："你们这里有地图吗？"我答有中国分省图。

当我把地图交给陈伯达后，他把地图翻到内蒙古自治区一页，用手指着对我说："就要在这里打仗。"我不知其意。照片制作完毕，陈伯达选了第二天一版刊用的一幅毛泽东照片之后，没有再到报社其他部门，径直走了。

实行毛泽东照片送审制度后，参加中央新闻摄影采访的各单位，在毛泽东每次活动后，都要往中央文革小组送审照片。由于多家分散送审，时间不一，送了几次后，陈伯达和姚文元感到头绪多，又不便集中统一选照片，于是又决定改为统一送审办法，即各单位把照片送到新华社摄影部，大家共同进行初选，再由新华社统一往中央文革小组送审。

1968 年，中央文革小组指定新华社负责人张纪之牵头，成立了中央新闻摄影领导小组，负责协调各单位摄影工作，并实行每年"五一节"、国庆节天安门城楼观礼活动统一采访措施，即由各新闻单位派一名摄影记者，参加天安门城楼采访，所拍胶卷由新华社摄影部统一制作和送审。记者拍的照片见报时，新华社记者拍的署名"新华社记者"、各报记者拍的署名"新华社稿"。这个重大活动统一采访措施，实行到 1971 年的"五一节"。

一张照片惹事　摄影组险些被撤销

1968 年 10 月 3 日下午 3 时许，我突然接到秘书室的电话，叫我马上和叶寒青到人民大会堂开会（叶寒青是陈伯达"夺权"后从《解放军报》来的，当时为《人民日报》宣传小组负责人）。放下电话，我立即来到叶寒青的办公室，问他开什么会，叶寒青说他也不知道。于是我俩匆忙驱车来到人民大会堂。

叶寒青和我进入江苏厅时，正遇到陈伯达在门内低着头来回踱步，他看见我们来了，连个招呼都没有打，就急不可待怒气冲冲地说：“撤销你们摄影组！撤销你们摄影组！”连着说了两遍，叶寒青和我都一头雾水，不知发生了什么事情，也不敢贸然去问，便小心翼翼地走进大厅坐下等候。

这时，姚文元和新华社负责人张纪之已经在座，不一会儿周恩来和张春桥也来了。周恩来进厅后没有往里走，就在靠近门的一个沙发上坐下，张春桥坐在叶寒青的旁边，陈伯达则坐在了沙发中间的位置上。

开会的人到齐后，姚文元什么话都没有讲，就指着叶寒青责问道：“八个革命样板戏的彩车照片，中央已有通知，不准见报，今天《人民日报》为什么登出来了呢？”叶寒青不知怎么回事，便问我接到通知没有。我说没有接到。姚文元听后感到很惊讶，就问张纪之。张纪之立刻站起来回答说：“这件事情责任在我，八个革命样板戏的彩车照片不准见报的指示，我通知了新华社摄影部不要向各报纸发稿，但没有通知《人民日报》。”接着张纪之就中央新闻摄影采访头绪多、不好管理等问题谈了一些意见。

这时，怒气未消的陈伯达又一次说道：“撤销《人民日报》摄影组！摄影记者调到新华社去。”

这时，眼看撤销《人民日报》摄影组就要成为定局，叶寒青觉得现在要不讲就晚了，于是急切地说：“《人民日报》不能没有摄影记者，不能没有摄影组。”叶寒青话音刚落，紧靠着他坐的张春桥立刻气势汹汹地责问说：“你军装还没有脱，思想就这么僵化！为什么不行？”张春桥这番上纲上线的话，使会场气氛紧张起来，厅内一片寂静。

姚文元了解了情况后，知道责任不在我们，便对张纪之说：“这件事情你负责，再召集《人民日报》的同志开会研究一下。”会议就这样匆匆结束了。

会议结束后，陈伯达和张春桥仍坐在沙发上，姚文元则站起来和我们握手告别。当经过周恩来坐的地方时，周恩来非常有礼貌地站起来和我们一一握手，在和我握手时，周恩来面带笑容地对我说：“你们这些摄影记者，就是希望把自己拍的照片在报纸上登出来就高兴啦。”总理一席宽慰之话，顿时使我紧张的心情放松了很多，我又一次体会到周恩来总理对摄影记者的体贴和关怀。

返回报社的途中，因受张春桥无理指责，叶寒青非常不高兴，一言不发。我想，今天要不是叶寒青提出不同意见，撤销摄影组就定下来了，叶寒青真不愧军人出身，敢在这么多中央领导面前说“不行”。

汽车快要开到报社时，我问叶寒青这件事情怎么办，他回答得很干脆：“不管它，看看情况再说吧。”

为什么刊登一张照片，竟然引起这么多中央领导人关注呢？后来才知道，1968 年国庆前夕，中央领导人在天安门城楼审查国庆文艺队伍游行，看到一辆以“八个革命样板戏”为题材的彩车，在彩车中间，竖立着一幅巨大的“毛主席去安源”油画，彩车两边各有一幅“向江青同志学习，向江青同志致敬”的巨大标语。

自诩为“文艺革命旗手”的江青，在天安门城楼上看到这辆彩车后，不知出于何种目的，即对周恩来、陈伯达等人说：“八个革命样板戏的彩车，可以拍照片，但不要见报。”周恩来当即把江青的话转告了在场的张纪之，随后张纪之告诉新华社摄影部，不要向各报纸发这张照片，但忽略了通知《人民日报》社。

我们由于不知道有此规定，在 10 月 3 日的四版画刊中，以六栏篇幅刊登了本报记者孟仁泉拍摄的“样板戏”彩车照片。当天上午，陈伯达看到《人民日报》登出了这张照片，十分生气，知道捅了江青的“马蜂窝”，惹下大麻烦，于是当日下午紧急召开会议。

会后，张纪之按照姚文元的意见，召集新华社摄影部、《人民日报》摄影组、《解放军报》摄影组的负责人开了一次会。在会上，我们阐述了不同意撤销《人民日报》摄影组的理由，大家议论了半天，没有任何结果。以后也再没有人过问这个问题，此事也就不了了之。

林彪闪身离席　《人民日报》变“晚报”

1971 年 5 月 1 日晚上，我上天安门城楼拍摄毛泽东和中央领导观看焰火晚会的活动，参加摄影的有新华社、《解放军报》和《解放军画报》等单位的摄影记者。这天晚上，大家都来得较早，人到齐后，张纪之召集我们开了一个会，为了避免大家因为抢拍毛泽东镜头造成现场混乱，决定采取分段定点拍摄的办法。新华社记者杜修贤负责拍摄毛泽东，我和其他几位记者被分到城楼东西两侧观礼席的位置，拍摄其他中央领导人观看焰火的活动。

当天晚上，天安门城楼观礼席摆放了很长一排供中央领导人和外宾观看焰火的圆桌。晚 8 时，毛泽东在《东方红》乐曲和万众欢腾声中，来到了天安门城楼。和毛泽东同桌观看焰火的还有林彪、董必武和西哈努克亲王及夫人。晚会开始后，我急忙把分工要拍的朱德、叶剑英等领导人拍完，立即来到毛泽东座位这一桌后边，等待时机拍摄毛泽东和林彪一起观看焰火的镜头。但出乎意料，晚会刚刚开始几分钟，林彪就不在座了，只看到毛泽东同西哈努克亲王交谈。我想，林彪可能进大厅休息了，过一会儿还会出来的，于是我仍站在那里耐心等着。五彩缤纷的焰火，一阵阵腾空而起，满天通红，广场上的人群欢呼跳跃。眼看晚会就要结束了，仍不见林彪回来，我向同行打听，回答说林彪已经走了。

焰火晚会结束后，周恩来在大厅召集摄影记者、北京卫戍区负责人开会。会前，周恩来问负责拍摄毛泽东的新华社记者杜修贤：“毛主席和林副主席坐在一起的时候，你拍照了没有？”杜修贤回答说：“我只拍了一张。”接着总理又问电视台、新影厂记者拍了没有，都回答说：“还没有来得及开机，林副主席就走了。”周恩来生气地说：“林副主席是我亲自请来的，就是要他上镜头，你们怎么不拍呢？”其实摄影记者都很想拍这个场面，只怪林彪走得太突然了。

周恩来如此生气是有原因的。事后才知道，“五一节”晚上，毛泽东较早就来到天安门城楼下的休息室，晚会快要开始了，还不见林彪到来，周恩来很着急，叫秘书打电话催请。在周恩来再三催请之下，林彪才勉强来到天安门，他穿着一件军服夹大衣，连扣子都没有扣，就匆忙地上了天安门城楼。林彪落座时，一反常态，没有和同桌的毛泽东等人打招呼，一声没吭就坐下了，更令人奇怪的是，没过几分钟，又没有同任何人打招呼就悄然走了。坐在右侧桌位上的周恩来一直注视着林彪，开始以为他上卫生间了，等了好久仍不见回来，便叫人去了解，才知道林彪早回去了。林彪在这样重大的活动场合不辞而别，周恩来可能知道是怎么回事。但对我们这些摄影记者来说却是一个谜，直到“九一三事件”后，这个谜团才得以解开。

5 月 2 日下午 1 点多，我来到办公室看报纸刊登晚会照片的情况。没有料到，这时新华社还没有把照片发齐，夜班编辑、工厂工人都在焦急地等待着。据新华社摄影部的人讲：中央指示，参加晚会的中央政治局委员，每个人都要见报。照片数量多，还没有制作完毕。5 月 1 日晚上，中央政治局委员分散在天安门城楼的多个桌位上观看焰火，因为晚上光线暗，很难照全、照清楚，发稿困难很大。为此，新华社摄影部做了很大努力，对照片进行了技术处理和加工制作，才把晚会照片发齐。

5月2日出版的《人民日报》到下午3时多才开印，早报变成了“晚报”，这是《人民日报》在“文革”期间开印最晚的一次。

以上所述，是我在摄影组工作中对几个重要事情的记忆。1975年我调到报社外事办公室工作。1987年，时任总编辑谭文瑞找我谈话：“现在要加强《人民日报》图片宣传报道，摄影组工作任务很重，你搞摄影工作多年，不要搞外事了，回摄影组工作。”按照谭文瑞的意见，我回到摄影组，直到1993年离休。

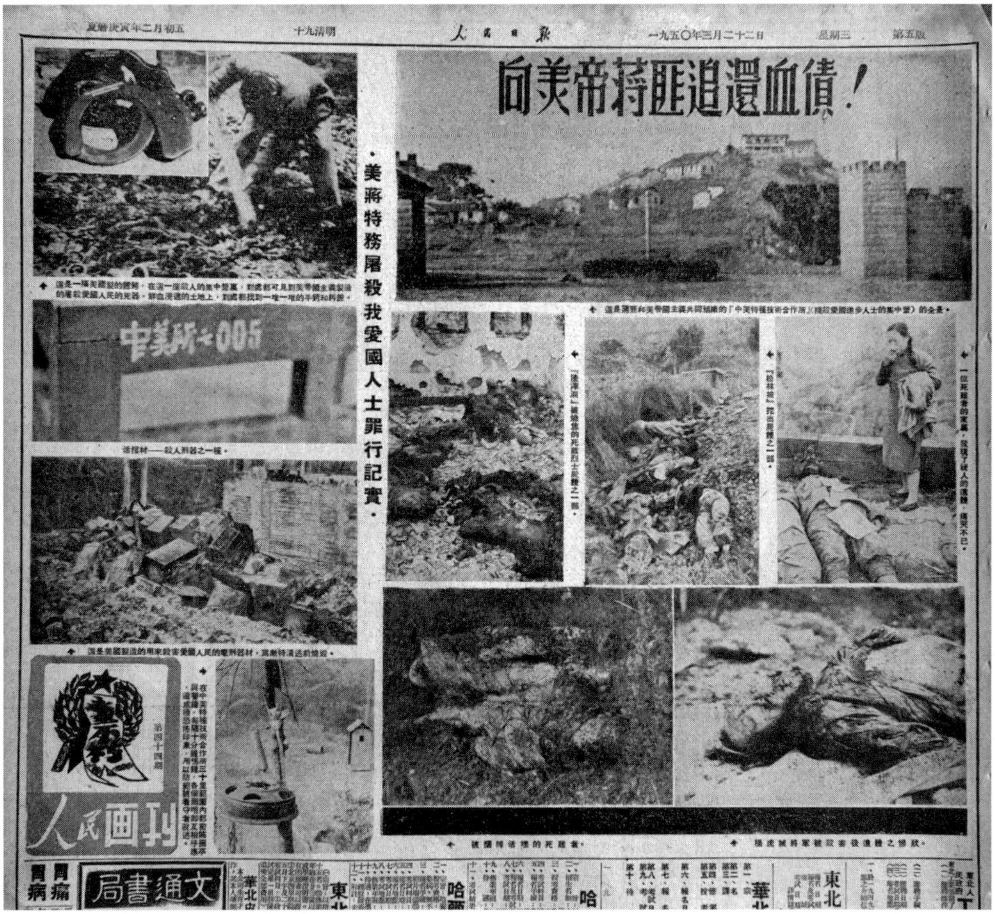

舊曆庚寅年二月初五 清明十九 人民日報 一九五〇年三月二十二日 星期三 第五版

向美帝蔣匪追還血債！

·美蔣特務屠殺我愛國人士罪行記實·

這是一幅美國製的腳鐐。在這一座殺人的集中營裏，到處都可見到美帝國主義製造的屠殺愛國人民的兇器。鮮血浸透的土地上，到處都找到一堆一堆的手銬和腳鐐。

這棺材——殺人刑器之一種。

這是蔣匪和美帝國主義共同組織的「中美特種技術合作所」（殘殺愛國進步人士的集中營）的全景。

「渣滓洞」被燒焦的死難烈士屍體之一部。

「松林坡」挖出屍體之一部。

一位死難者的家屬，發現了親人的遺體，痛哭不已。

人民畫刊

1950 年 3 月 22 日，《人民日报》第 5 版

徐建中

两栖生涯圆了我的梦

◎徐建中　口述，刘泉友　整理

中国梦、民族梦、人民梦，人人都会谈论自己各种各样的梦。爱做梦说明你在不断地琢磨事，你有期望、有追求。梦想成真时令人兴奋、欣喜、愉悦。我也爱做梦，在我的人生征程中，几乎天天都在圆梦中。回忆六十多年来的往事，似乎一直在写稿子，一直在拍照片，这条漫长的快车道圆了我三个梦。

从军梦：两栖生涯之启蒙

我是湖南省常德市人，1932年6月出生，家住市西区上南门宪庙街，父母都有一定的文化知识，家庭经济条件也比较好，两个妹妹不幸早逝，他们把唯一的希望寄托在我身上，希望我读初中、读高中，要考湖南省最好的中学。1949年7月29日常德解放时，我正读高中，我和同学们积极参加学生会组织的宣传活动。在欢迎解放军入城式那天，细雨绵绵，军乐团演奏《中国人民解放军进行曲》阔步行进，人群中爆发出阵阵热烈的掌声和欢呼声，路边还有几位随军记者或是新闻干事忙碌地抓拍照片。

1950年初，解放军某文工团和一个连队住进我们省立第四中学校足球场两边，我经常看他们训练，看文工团排练节目，看他们的剧照，观看了他们演出的话剧《钢铁战士》和歌剧《刘胡兰》《赤叶荷》。当时心想，解放军能文又能武，真是好样的。我们学校要排演话剧《思想问题》，请来文工团的导演曲光，他把戏排得有声有色。全军射击英雄魏来国到我们学校作报告，他胸前挂满了奖章，闪闪发光，我非常羡慕，心中开始萌发当一名解放军的念头。

1950 年 6 月 25 日，朝鲜战争爆发。时隔不久，又传来美国兵打到中朝边境鸭绿江的消息。当时的气氛非常紧张，党中央发出“抗美援朝，保家卫国”的号召。常德市委、团委、学校接连开会，动员学生参军参干。我和高 60 班的同学刘裕意、丁为银都是青年团员，决定报名参军，学校立即批准我们为第一批参加军事干部学校的学生，12 月底集合。

1951 年 1 月初出发那天，我们胸挂大红花，唱着《中国人民志愿军战歌》和苏联歌曲《共青团员之歌》，在锣鼓鞭炮声中，十几辆大卡车拉着常德参军学生直奔长沙，第二天转乘火车开往湖北孝感市，进入空军培养空、地勤和各类干部的第一预科总队。中南地区几千名学生兵都集中在这里学习，主要是学军事、学政治、学社会发展史，书写自传和家庭三代人的社会关系。半年之后，中队指导员宣布：你们第一批学员政审通过，空勤体检也合格，明天将转空军航空学校本科。

空军所属三个航空学校本科分别设在北京、锦州、济南，那天宣布名单时，我们十五人荣幸地被分配到北京南苑机场空军第六航空学校飞行连。我从小小的常德市来到了首都北京，从一位青年学生转眼间成为一名革命军人。人生之路经常会出现一些戏剧性的变化。我本是作为飞行员从学校挑选出来的，后来却改行从飞行连调到二团政治处工作。那个年代一切听从组织安排。在二团时我认真学习了空军政治部编印的关于新闻写作的五本教科书，自费订阅了《中国摄影》杂志，这些书刊至今还都珍藏着。1956 年，我在二团政治处写的第一篇通讯《谢谢解放军叔叔》和拍摄的照片《给老乡去拜年》同时在《人民空军》杂志 168

期上刊登。这是自己的作品第一次发表，让我喜出望外。从此，我对新闻工作产生了浓厚的兴趣，开始在军内外报刊上发表文字和照片。我把它们分类编成文字和摄影剪报本保存着，其中有几篇稿件颇有影响。

一是摄影作品《红色信号班》。空军第六航空学校训练二团信号班，他们认真维护飞机着陆标记用的“T”字布、风向袋和小红旗，自己动手缝补，七年时间节约 2000 多米棉布，荣立集体二等功一次，并被空军和国防部任命为“红色信号班”。这组照片被《空军报》刊登后，《解放军报》于 1963 年 5 月 20 日在头版头条上配社论发表。

二是长篇通讯《飞行指挥台上的“儿童团”》。空军航空兵二十四师七十二团青年飞行员马晓天，1949 年出生，是新中国的同龄人。他发展全面，飞行技术好。1974 年，马晓天年满二十五岁时，被任命为飞行副团长。我闻讯后立即带领报道组多次去采访，所写长篇通讯《飞行指挥台上的“儿童团”》在《空军报》发表后，《解放军报》于 1974 年 9 月 25 日整版刊登，中央人民广播电台予以广播，反响强烈。紧接着，北京军区空军立即通知马晓天赶赴北京参加国庆二十五周年的系列观礼活动。

党的十八大以后，马晓天升任空军司令员、军委委员，被授予上将军衔。2013 年 6 月 10 日，我应邀专程去空军大院拜访了他。我们畅谈了一上午，回来后我写了一篇通讯《军旗下的友谊》，配上照片，发表在《环球时报》上。

记者梦：两栖生涯之创业

我在空军部队度过了青年时代。二十五年中，我经常写稿子也经常拍照片，还经常往北京东交民巷 22 号空军报社走走，去平安里 3 号《解放军报》社看看：一来认门，二是认人，三为上稿，四想入门。后来在战友提示下，又开始经常往王府井大街 51 号《人民日报》社跑一跑。我还特意在报社门口留影一张。从写稿到送稿，开始结识了一些热心肠的新闻工作者，并得到了他们的帮助和指导。每年底都会收到《空军报》《解放军报》《解放军画报》寄给校政治部的表扬信件。在当年，表扬信就是珍贵的奖励。记得 1961 年 5 月初，我到北京王府井大街办事，顺便带着两首小诗想请《人民日报》文艺部的编辑看看。四十岁左右的曾岛用浓重的四川话对我说："反映空军生活的稿子不多，这两首还不错，欢迎你今后多写一些反映空军生活的诗歌给我们。"时隔半个多月，我收到《人民日报》文艺部编辑曾岛的来信："现将剪报寄上，供您留存。《"全天候"们上天了》、《小军和小兵》两首诗歌剪报附在里面。"剪报虽小，意义深远，它凝聚着编辑的责任感，也体现了《人民日报》社的优良传统和作风。

1968 年，我和北京军区空军的高兴烈一起往《人民日报》送"三支两军"方面的稿子，结识了年轻的编辑庄永龄，他十分认真负责，头天送稿，第二天就在头版见报了。

1974 年，我又往《人民日报》军事组送有关飞行训练的稿子，结识了石德连等，稿子都及时见诸报端。

到了 1979 年，我转业到北京市第一商业局宣传处工作，往《人民日报》社办的第一家彩色报纸《市场报》送经济建设方面的稿子，又结识了编辑黄际昌，《市场报》还发给我一张特约通讯员证。这些年间，我们单位还多次邀请《人民日报》社记者纪希晨、何黄彪、卢继传等记者或编辑进行新闻业务讲座。

民间有一句俗语：师父领进门，修行在个人。路在何方？路在脚下。此话深入浅出，富有哲理。从那时起，我一心想从事专职新闻事业的热情更高了，想当记者的梦越来越强烈，信心也更加足了。

1974 年 8 月，《飞行指挥台上的“儿童团”》，指挥马晓天（右）（徐建中 摄）

经过多方面努力，1980 年 7 月，我终于走进了《人民日报》社，成了一名摄影记者。照相机设备更新，鸟枪换炮，报纸上用稿署名也由本报通讯员改成本报记者了，这是我人生道路上历史性的转折点。

回忆起从事记者行业这几十年生涯，从采访行业新闻到综合性新闻，我都经常外出采访，有固定选题，也有新发现的线索，无论近或远，难和易，都要善于眼观六路，耳听八方，到达现场，核实准确。尤其是当年身背传统式胶片照相机的摄影记者，肩负着见证、记录历史的重任。在重大活动中，新华社会有两三个摄影记者名额，而我们只有一个，也就是说 3 ∶ 1 的力量在现场竞争。报社有个不成文的规定：新华社的通稿照片如果比我们的好则择优刊用，彼此差不多则用本报的，如果我们没有则必用通稿。这就需要你付出加倍的干劲儿和钻劲儿去拼搏，否则会“竹篮打水一场空”，形势逼人，必须要动脑子去选择好的位置、新的角度，巧用光线、抓准神态等，要让拍出来的照片会说话才行。

干劲儿加钻劲儿会产生什么？会产生出强劲的动力。

1987 年 5 月 21 日，朝鲜金日成主席访华，邓小平于 22 日上午在钓鱼台国宾馆 18 号楼前和他会见。因人多地方小，谁也拍不好照片。我紧紧跟在两位领导人后面，一进入大厅，他们突然热烈拥抱起来，我正处在有利位置，举起相机迅速抓拍了五张，当晚经夜班编辑和总编辑反复观看比较，有一幅大照片因神态较好被选用在第二天头版头条上，真让人开心。

1989 年 5 月，戈尔巴乔夫访华抵达北京（徐建中 摄）

1987 年 3 月，全国政协大会开幕式，我在楼上楼下转了好几趟，最后利用我的红色证件登上主席台，我选择在最后一排，换上鱼眼超广角镜头，拍出了人民大会堂雄伟壮观的大场面，也体现了政协会议民主协商的精神，第二天刊登在《人民日报》和《人民日报》（海外版）一版上。

1988 年 4 月全国政协大会闭幕式，我事先选好了从未有记者上去过的拍摄点，写好报告说明缘由，找大会和大会堂有关负责人一一签字批示，在闭幕式开始前由专人带领，一步步登上大会堂主席台南侧三层的聚光灯室内。我突然发现窗户系封闭式，上面只有一个小圆孔，刚刚能用一只手握着相机伸出去，右手无法按快门，我立即采用自拍功能，顶着高温拍到了新角度照片，又在《人民日报》一版上独家刊登了。

1988 年 3 月 31 日，全国政协主席李先念在中南海召开座谈会，广

1988 年 3 月 31 日，李先念在中南海审稿（徐建中 摄）

泛征求民主人士的意见，时钟已超过12点会议才结束，我们都走出会场，唯独不见新华社记者邹爱国出来。我立即返回会场观察，发现老邹正在读当场写好的新闻稿，李先念左手扶着沙发椅背，面带微笑细听，画面十分亲切感人，我立即抓拍到《李先念当场审稿》这幅大照片。

还有一组令人难忘的照片是《小平同志植树记》，1987年4月5日摄于北京天坛公园。

夕阳梦：两栖生涯之续篇

我是1994年从《人民日报》（海外版）办理退休手续的，因工作需要又返聘多干了几年。返聘结束后怎么办呢？我选择了每天都过充实的退休生活。

其中之一是“退休不退行”。我仍经常外出拍照片写稿子。国庆六十周年庆典阅兵时，我在窗台上用长镜头把空军的编队机群全拍下来了，戏称“窗台阅兵”。我还游览了九寨沟、千岛湖和我国的台湾、香港、澳门等地。另外，有时还参加外地的新闻业务交流活动。过去讲课要带一摞有关报纸，后来带一部幻灯机，现在带一个笔记本电脑或者U盘就全齐了。

还有一条是“精心经营博客园”。在人民网的博客频道和图片频道上，挂有我从20世纪50年代延续至今的新老照片两千多幅，博文三百三十多篇，评论两千五百多篇，访问总数已超过一百五十余万人次。我写的《万事第一最可贵》《空军常言三句话》《U2间谍机掉下之谜》《女飞行员风采》《名人名家》《空中采访朱镕基》《朱镕基的两点建议》等都有很高的点击率。我刻有带音响的老照片光盘，有自己的电子邮箱、博客和微博。通过人民网这个平台，我结识了许多新网友，多年不见的老同学、老战友、老同事又续起了友情。我还用手机上网、发短信、发微信、拍视频、拍生活照片等，这叫作“学习科技赶时尚，紧跟时代不落伍”。

1950 年 3 月 25 日，《人民日报》第五版

张雅心

秉持热爱　与光影相伴一生

◎张雅心　口述，李伟　整理

立志摄影

我于1933年5月3日出生在辽宁省黑山县历家镇平坊村一个农民家庭，祖辈都以种田为生，日子过得清贫。全家老少七口人，有爷爷、奶奶、父母，孩子里我老大，下面还有两弟一妹。

我的童年是在黑山县姜屯小学度过的，家里人看我爱学习，再苦也供我上学。后来我考取了新民师范学校。这所学校学制三年，以培养教师为目标，设有二十多门课程，毕业后是中专学历。

1952年，我参加工作，在黑山实验小学当起了美术老师，兼任少先队大队辅导员，后来又去了黑山六中。在校时恰逢吉林航校招收飞行员，我从几百人里顺利通过面试、笔试，考入该校。没想到，入学没多久我的老毛病鼻炎犯了，无法飞行上天，无奈被分配到重庆军官学校，又因那里的空气湿度太大，我身体实在吃不消，上课一年后复原回到原籍。

单位里有位同事家里是开照相馆的，工余时间我经常去她家做客，渐渐喜欢上了摄影，感觉这机器很神奇，只要按一下快门就能把一切定格下来。那时候我就想，如果将来能转行干这个就好了。

当时我们学校和县里接触较多，县里有什么活动都抽调我去，其中就有照相培训，提供相机、胶卷，让学员学习。我迷恋上了摄影，又有一些美术功底，所以上手很快。很长一段时间，我晚上回到家中不睡觉，潜心练习、研究冲洗技术。当时条件差，我用家里吃饭的碗、碟子、面盆等简陋器物充当暗房设备，用被子把胶卷盒蒙起来取胶片。洗片时用土办法反复研究显影液、定影液的配比，观察洗印效果。

妻子夜里起来，发现我不睡觉在折腾照片，很反对我干这不着边际的事。她说这和你的工作没关系，不同意我搞这一行。我对她说："你将来就知道我干这事是为了什么，我要在摄影上干出点儿名堂，这是我的理想。"慢慢的，妻子也转变态度，开始支持我。

这些话关上门在家里说说可以，可在外面是不敢说的，因为别人会认为我是痴人说梦。一个小学老师想成为摄影大家，难免给人好高骛远、异想天开的感觉。我一没背景，二没人际关系，只能自己暗暗努力多学东西来改变命运。

机遇总是留给有准备的人。1960年，长春电影学院招生，我听说后萌发了报考电影学院的念头。当时家里上有双方老人，下有我们的女儿，我弟弟还在学校读书，没有更多生活来源，如果我一走，家里的负担就全压在妻子身上了。

我和妻子张桂兰是在1955年11月的劳模群英会上相识的。成家后，她为我和这个家付出了很多。她为了我的理想能够实现，毫不犹豫地支持我。但是县里不同意，因为我是劳模，他们怕人才外流，不给开报考介绍信。为了拿到介绍信，我费了很大周折，着急时我直踹墙。后来还是妻子找到文教部领导说，他没系统学习过照相，其实考不上，希望领导叫他去试试，碰壁回来后就能安心工作了。如果真的考上了，念完书后再让他回到县里工作。好说歹说，县里勉强给开了介绍信。

这一考还真考上了。县里领导知道后改了主意，不许我去。这时我不管谁的阻拦，提前去报到，收拾好行李，当天夜里就坐火车去长春了。学校是9月1日开学，我整整提前一个月就到了长春，等于是"逃跑"了。

当新华社摄影记者

1960 年，我进入长春电影学院攻读电影摄影专业，因为新闻摄影专业急需人才，我后来转入新闻摄影。在长影电影学院学习的三年多时间里，我从理论到实践系统地学习了摄影课程，在老师的帮助下，从一个喜爱摄影艺术的门外汉，转变为一个对摄影光线、曝光、色彩、构图、事件、暗房技术、新闻影像抓拍都有全新认识的专业人士。

1963 年毕业时，我和李志元、于小平、韩居策、何中耀四名同学被新华通讯社选上，做外派记者，走上了摄影这条职业道路。因为我们几人的英语都不太熟练，组织上就派我们先去第二外语学院进修英语。我英语没什么基础，又是东北人，总感觉舌头发硬学起来困难，为了完成任务，还是硬着头皮学了下去。除了吃饭、睡觉以外，大部分时间都在看课本念单词，头发掉了不少。就这样前后学了两年，结业后被分配到新华社对外记者组工作。

1965 年，社里决定派我去印尼，接替前任记者李瑞峰做驻外记者，正准备去的时候，印尼发生政变，前任记者回国，中印两国外交关系中断，我就没去成。

20 世纪 70 年代初我担任对外记者组组长，这期间除跟随中央领导外出采访外，还曾组织、策划报道了第一、第二届亚非拉乒乓球友好邀请赛、中日青年友好联欢活动、第三十四届世乒赛等一系列重大活动。我在美国、英国、法国等国考察期间了解、学习他们的冲洗制作技术及摄影装备，了解发稿时效等知识，回到社里向领导做汇报，推广先进照片制作技术与摄影艺术理论，得到了同事们的鼓励与赞扬。

拍“样板戏”剧照

“文化大革命”开始后，新华社领导分配我完成“革命样板戏”剧

1972 年，京剧《红灯记》剧照（张雅心 摄）

照的拍摄工作。当时新华社为了让我拍好剧照，特意提供给我一台哈苏120相机。这种相机当时国内一共只有三台，江青一台，石少华一台，我一台。哈苏相机的优点是大光圈、色彩还原鲜艳。拿着它，八个“革命样板戏”我主拍了六个，有《智取威虎山》《杜鹃山》《奇袭白虎团》《龙江颂》《红色娘子军》《沂蒙颂》，演员们一边演，我一边拍。一路拍下来很辛苦。因为我精力有限，拍摄《沙家浜》《红灯记》两部戏时，组织上让陈娟美和孟庆彪两人主拍，我协助他们做辅拍。

记得在拍摄《智取威虎山》时，时间耗得比较长，大约有两年多时间，戏一旦开拍，我通常一年都回不了一次家。北影厂领导问我是住在厂里，还是住条件相对好些的招待所，我选择了和厂里工人同吃、同住、同劳动，近距离接触演员，融入他们的生活，用镜头刻画更多的人物细节。另外，因为演员在表演时很少给摄影师留出摆拍时间，人家也不会因为你要拍照而单独为你再演一次，所以我就要调整好角度，看见好镜头就抓拍，这就要求我必须要有镜头轨迹的预见性，掌握好瞬间抓拍的时间和构图。

在新华社工作的十五年时间里，我前后有六七年时间都在拍摄“样板戏”。同演员、导演、摄影师建立了良好的关系。2007年我举办“张雅心样板戏个人影展”时，杨春霞、刘长瑜、马长礼、李元华这些当年的主角们纷纷到场祝贺。这些朋友都已经成为戏曲界的大腕，和我一样都满头白发。看着展板上年轻时的自己，有些人流下了泪水，感谢我用镜头帮他们记录了一段青春岁月。

难忘访美之行

1973年5月，我作为中国新闻代表团成员访美，成员都是由所在新闻单位工宣队提名，上报周恩来总理敲定的。我们一行二十一人，团

1973 年 5 月 29 日，尼克松在白宫接见中国新闻代表团成员（张雅心 摄）

长是新华社社长朱穆之，《解放军报》、《光明日报》、中央电视台等国内媒体都有参加，《人民日报》的老前辈也在其中。五年后，我与他们成为同事。

我们在美期间一直由二十一名美国安保人员一对一重点“保护”（实为监视），生怕出乱子。有一天我在桥边拍摄街景，一不小心差点儿跌倒，美方安保人员一个箭步上来扶住我，我们的一举一动他们都不敢怠慢。

5 月 29 日下午 3 点（美国当地时间），尼克松总统在华盛顿白宫椭圆形办公室接见了我们代表团。美方在现场安排了专职摄影师，我还是在旁边拿着相机，上好彩卷，把光圈打到最大抓拍场景。尼克松与代表团成员每一人握手，我在旁边抓拍，结果拍了所有人，唯独没有我自己的。现在回想起来，没有同尼克松这位影响世界格局、改变中美关系的人物合影，多少有些遗憾。尼克松送给我们代表团成员每人一支派克钢笔，他说：“这是我送给大家的礼物，虽然不值什么钱，但代表我的心意，希望中美两国和平友好。”这支派克笔我一直珍藏在身边，从没用过。

“样板戏”引我到党报

因为我有过拍摄“革命样板戏”彩色照片的经历，恰逢《人民日报》要出彩版报纸，我于1978年3月从新华社调入《人民日报》摄影组，继续我的摄影生涯，分管领导是吕相友，他对我关爱有加，我很敬重他。

来到《人民日报》，我身上总有使不完的劲儿，许多重大报道例如人大、政协会议我都争取前往。有些重大会议或报道，拍照时我生怕出错，格外小心，一场采访下来精神很紧张。有时在外地结束采访任务回京后也不休息，马上去冲洗放大。拍出好的作品自然很欣慰，拍出不好的照片就总结经验，以后改进。

1977年2月9日，在纪念周恩来总理逝世一周年演唱晚会上，心情悲痛的邓颖超被王昆、郭兰英搀扶（张雅心 摄）

有一年，我参加政协会议的报道，拍完照片再赶回报社冲洗，连着好几天都是夜里一两点下班。结果自行车在路上坏了，当时没有手机，联系不到家人，妻子等不到我急坏了，到早上我扛着自行车回家她才安心。做摄影记者累，做摄影记者的家属也要有思想准备，有包容精神。

做摄影记者是份“苦差事”，身上背着有分量的相机、镜头、三脚架负重不说，还要有双好眼睛，腿勤、手勤，手疾眼快。当年还没有数码相机、自动对焦这些现在很普及的设备，拍照片全凭摄影记者对光线的把握以及手动对焦的速度，速度越快，对焦越准确，离一张合格的照片就不远了。

做摄影记者不仅要有较高的业务能力，还要有一个好体格。摄影技巧的积累伴随着年龄增长后体力的不断下降。1983 年第六届全国人大一次会议的报道，新华社派出十多名摄影记者采访，《人民日报》只有我一人拍照，我拿着机器台上台下、场内场外来回跑，受限制的地方虽然较多，但只要允许，我都想办法“钻”进去抢拍，扛也要扛下来。一天的采访任务结束后，累得我腰酸背疼，不想说话。回到报社洗出照片后，发现有些场景拍摄角度还挺有新意，觉得再累也值了。这次报道见报照片三十七张，一版就占了十六张，全国人大常委会副委员长陈丕显还叮嘱秘书转达对我的表扬。

回想一下，正因为我有一颗对摄影艺术的热爱之心，它给我动力，推着我不断往前跑。

小事见真情

《人民日报》是党中央机关报。在我任职期间，每天接到的群众信件、电话有很多，既有表扬，也有批评的声音，很多人都希望《人民日报》能更好地履行为人民说话的职责，尽到舆论宣传和监督的桥头堡责任。作为党报记者，耳闻目染这些电话记录与信件，我能做的就是尽记者的职责，为百姓说话，帮他们反映生活中的困难，使有关部门重视并解决。

我拍的一张照片曾改善了一个地方几万人的出行。1986 年 2 月，我去河北省怀来县采访，路过京张公路时发现路面太糟。经过了解，得知省、地、县曾给交通部打过二十多份报告，可问题拖了好几年始终没有解决，影响到当地民众正常出行。我拿出相机拍了一张照片，发表在 3 月 1 日《人民日报》第五版的《耳闻目睹》专栏，题目叫“京张公路的路况太糟”。见报后，时任国务院副总理的万里当即打电话到交通部，限期四个月内修复。

6 月底，我接到交通部部长秘书的电话，说部里为此事专门拨款 170 万元修路，3 月中旬动工，到 6 月 28 日已全部修好破损路面，请我和部领导一起去看修好的京张公路。

参与国庆报道

我在《人民日报》工作的二十多年时间里，平均每年发表在版面上的照片（含文章）接近百张，1990 年一年就发表了二百二十八张照片和十篇文章。受法国摄影大师布勒松“决定性瞬间”理念的影响，我时常以摄影通讯这种图文并茂的形式进行专题报道，这一方式得到新闻研究部门的称赞。1988 年，我独自拍摄的《新闻人物》专栏，“直面改革开放中的风云人物”系列照片，从选题、确定被采访对象、拍摄一气呵成，在社会上产生了较大影响。

快到退休时，面对一生钟爱的事业，我感到很难抛舍。1993 年本该是我退休的年龄，但我自觉身体还好，还能再干几年，就打报告给报社领导，请求再干几年。领导同意了我的请求，在原岗位返聘了我，又干了八年，直到 2001 年才正式退下来。

1999 年，中华人民共和国成立五十周年大庆，我有幸在职业生涯结束前，成为《人民日报》国庆报道组记者之一，负责拍摄广场全景的采访任务。当天，我身上挎着好几台相机，手里拎着一大包胶卷提前进入会场，等我上到人民大会堂顶层的时候，正好碰到《解放军报》的一位朋友和毛岸青妻子邵华也在拍摄。邵华听说过我的名字，把她本已占好的位置让给了我。

庆典大会开始后，我利用这个有利位置俯拍，拍到了很多别人拍不到的照片，既有宏大的广角场面，也有长镜头拉过来的局部特写，圆满完成了这次任务。江苏省省长看到他们的彩车方队见报后，派了专人到我家来买那张照片，我让来人去报社买。我那年已经六十六岁了，因为这件事，同事们还笑称我是“老英雄”。

摄影无悔

在我近四十年的摄影道路上，总结下来主要侧重四大块：“样板戏”摄影、“文革”期间的新闻摄影、人物摄影和风光摄影。其中，《再加一勺汤》获 1980 年全国优秀新闻奖；《晨曦》《赵丹》《老爷爷我又得了满分》分别入选第一、第三届国际影展；我编著的《彩色摄影实践》一书前后印刷八次，还先后发表了五十多篇摄影论文。

从我跨进摄影艺术这道门槛，不同阶段都会碰到良师益友给予我鼓励。在新华社时，我得到吴印咸、石少华两位摄影前辈的指点，我敬重他们的人品和对中国新闻摄影的贡献，受用一生。对《人民日报》的同事们，我感激他们对我的帮助。

摄影陶冶情操，使人快乐。快门一响，个人与家庭的喜怒哀乐、社会与国家的重大历史事件就被记录下来，传播出去就成为永恒。

1950 年 4 月 8 日，《人民日报》第五版

王　东

拍《小平您好》，记录一个时代

◎王东　口述，李伟　整理

初到《人民日报》

1934年4月，我出生在河北邢台一个农村家庭。在我三岁时，母亲不幸去世，我由奶奶抚养长大。在一生中，我最感谢的是我奶奶，让我最愧疚的也是我奶奶。她养育了我，我却没有向她尽多少孝心。

1951年我十七岁时，经人介绍来到《人民日报》社当了公务员，沏茶倒水、打扫卫生。1953年，鞍钢搞大规模经济建设，《人民日报》在那里设了记者站，我就到了鞍山记者站，首席记者是安岗。之后，鞍山记者站先后变成了东北记者站、辽宁记者站，设在沈阳，在一个小独院的小楼办公。我小学没毕业，走到哪里就在哪里上业余学校。安岗有时让我给他找材料，抄写材料。后来他出了一本企业管理的书，我很高兴，因为那里有不少材料是我帮安岗整理的。整理那些材料，对我提高文化水平很有帮助。

译电员开车

1955年，我回到北京总社，开始学习译电。说是明码，可非专业人员是不懂的。电报通信是1837年由美国人莫尔斯首先实验成功的。外文就几十个字母，中文电报就要复杂多了。中文要把每一个汉字用四个阿拉伯数字编号，如0086是“人”，3046是“民”，而且要记住常用的七千多个汉字的编号。这种工作很费脑子，看到一个汉字，你要马上知道它的四个阿拉伯数字代码。我记不住那么多字，工作起来只能去翻电码本。3838 是《人民日报》的电报挂号代码，使用了五十年，一直到 2000 年才退出历史舞台。

1955 年，我开始学开汽车。那时没有驾校，报社汽车队的老司机都是我的师傅，如何挂挡，离合器与油门的配合，不懂就问他们，老师傅也都手把手教我。20 世纪 50 年代，北京的汽车不多，大机关才有几辆。出租车没有，小轿车更少，能坐上小轿车的，都是重要领导。《人民日报》的普通记者可以坐小轿车。那时候很少有新车，最好的一辆车是苏联《真理报》送给邓拓总编辑的吉姆牌轿车，另外两辆是修了又修的美国老爷车。

1956 年和 1957 年，我和刘作志、张观洪、谢友菊分别被派往苏联、南斯拉夫、波兰当译电员。我去了苏联，职务是莫斯科记者站译电员，兼管财务、总务，因为我在国内学会了汽车驾驶技术，还当起了业余汽车司机。当时，我成了驻外机构中第一个会开汽车的中国人。在我之后，有不少记者也开起了汽车。

初拍领袖照片

在莫斯科记者站的那段时间，我迷恋上了摄影。20 世纪 50 年代有照相机的人不多，照相机在当时算是稀罕物。我攒钱买了一台苏联造的和平牌相机，但不太会用。别人告诉我，光圈用 8，速度定在 1/125 秒就行了。我便记住了这个方法，也不管在什么光线、什么背景下都用这个光圈和速度，又没有闪光灯，拍出来的照片有不少是失败的。

1957 年，毛泽东率中共中央代表团访问莫斯科。在大使馆，毛主席接见了使馆和在莫斯科工作的部分工作人员。刘晓大使把毛主席接到了二楼大厅，毛主席坐在沙发上跟大家合影。随行的摄影记者是新华社记者侯波。我有一张跟毛主席的合影，就是侯波拍的。

合影之后，大使馆的女同志和毛主席跳舞。大厅里的光线比较暗，我在旁边拿着相机用 8 光圈、1/125 秒这个模式抓拍。第一次为毛主席拍照就因为曝光不足而失败了，很是遗憾。

之后，我开始学习摄影知识，没事就看相关书籍、画刊、画报，时间一长逐渐掌握了光圈、快门、景深、背景之间的关系。为了学会冲洗技术，我在暗房一待就是几个小时。对于拍照，我更喜欢拍摄逆光、侧逆光下的人物和景物，这样画面显得比较有层次感，生动不呆板。

进入摄影组

1957 年反右以前，《人民日报》图片组多达二三十人，编辑很有影响的《人民画刊》。反右过后，吕相友一个人单枪匹马在这里干了几年。经过三年困难时期，情况开始好转。吕相友想改变报社摄影报道的现状，于是招兵买马扩大队伍。他知道我在莫斯科记者站工作过，摆弄过相机，于是找到我，问我愿不愿意到图片组，我欣然同意。这样，吕相友把我调到了图片组，我算正式入了“佛门”，这一干就成了终身职业。

刚开始到图片组时，我主要管理图片资料，有时也去拍拍剧照，赶上大型活动时，吕相友也带着我一起去拍照。我们一起工作了二十多年，他是我的良师益友，是我学摄影的第一位老师。工作中，我对光圈、快门、构图等有不懂的、把握不准的只要问他，他都毫无保留地一一传授。

在我之后，组里又调进了北京工艺美术学校毕业的王景仁、卢传友、许林，还有从部队转业的沈进、孟仁泉，在秘书室工作的刘振祥也被调来了。在吕相友的领导下，有了人，增添了设备，人强马壮，朝气蓬勃，图片组也改为名副其实的摄影组了。

吕相友的敬业精神是我们这一辈人少有的，他担负着中央新闻的采访，时间紧任务重。有时在机场拍完检阅仪仗队后，他要用最快的速度赶到天安门广场拍夹道欢迎的场面，然后再赶到钓鱼台拍会见，接着再拍晚会，活动一个接一个，精神一直处在高度紧张的状态。夜里回到报社，冲卷放大、写文字说明、送审、制版，直至看到大样才结束一天的工作。他的这种不怕苦不怕累、为拍好照片奋不顾身的精神，组里很多同志都是佩服的。在他的带领下，大家齐心协力，不为名不为利，都一心一意扑在工作上。

吕相友对抓拍新闻的意识非常强，判断力和直觉很敏锐，这一点也是我从他这位老摄影记者身上学到的。1966 年，毛主席在天安门城楼接见红卫兵，吕相友在城楼，我跟蒋铎在金水桥头。吕相友知道主席要到城楼角去，他在上面向我们打着手势，示意蒋铎到观礼台。蒋铎领会他的意图后，马上把相机架到观礼台最佳位置，拍到了非常好的照片，被印成了宣传画全国发行。

再拍领袖风采

《人民日报》是党报，主要任务就是报道党和政府的方针、政策，而摄影记者的镜头又以拍摄中央首长的画面为多。从我正式成为摄影记者开始，拍摄过毛泽东、周恩来、刘少奇、邓小平等许多老一辈革命家的照片。从 1966 年毛泽东接见红卫兵起，我多次用 1000 毫米长镜头在金水桥头拍摄毛泽东接见群众的盛大场面，也有幸在不同场合为毛泽东拍过几次照。

那时凡在天安门有重大活动，公安部门都要求新闻单位在前一晚把长镜头放在金水桥，他们要例行检查。记得我第一次从长镜头取景器里看到国家领导人时特别激动，因为长镜头把毛泽东一下子拉到了眼前。我的手不停地按动着快门，想把主席的光辉形象记录在底片上，只要有一点儿变化，我就按快门。因为照得太多，我都不知道选哪张好了。

有一次，毛泽东坐敞篷车在长安街检阅红卫兵，林彪站在他身旁。开着开着，车子突然抛锚走不动了。汽车刚停，“哗啦”一下，在场人群就把毛主席的专车“包围”了。广场上人山人海，情况非常紧张。陈毅元帅马上下车，在现场指挥。为防止不测，有人站在抛锚的汽车上，让毛主席坐下，用身体挡住他。我恰巧在金水桥附近，赶紧拿起相机拍下了当时的情景。

1966 年 10 月 1 日国庆节，我上天安门城楼执行拍摄任务。毛主席多次穿军装，这次却穿上了中山装。我从不同角度为毛主席拍照。

抓拍外国元首

1972 年 2 月 22 日，北京下大雪，美国总统尼克松访华，与周恩来总理进行高级会晤。第二天雪停了，尼克松一行来到了八达岭长城。他穿着皮领厚大衣，脚穿胶底鞋，在一大群警卫人员与记者的簇拥下，一步步登上了长城。他说：“我跋涉了 16000 英里，即使仅仅为了看这座伟大的城墙，也是非常值得的。”那天，我爱人和女儿根据事先统一安排到现场充当游客。尼克松总统还跟我七岁的女儿打招呼，问她叫什么名字，父母在哪儿工作，引来一大群记者拍照与围观。

1992 年，日本明仁天皇和俄罗斯总统叶利钦陆续访华，这两次大的外事活动都让我赶上了。当时我有点儿发怵，一是礼宾改革后，我对很多情况不是很熟悉；二是年龄大了怕体力吃不消，交不上照片。

10 月 23 日，日本天皇和皇后到达北京，24 日游览长城，25 日游览故宫。参加天皇访华的中外记者有三百多人，拍电视的、拍照片的、录音的都想靠近他。同行是冤家，你争我抢像疯了一样，没一个客气的，拍一张好照片很难。我见缝就钻进去，端起相机调好焦距“咔咔”就拍。三天在报纸上发了三张照片，完成了任务。新华社和日本大使馆派人前来要走了我拍的天皇游览故宫的照片，时任文化部副部长刘德有说照片照得好，也要去两张留念。

12 月 17 日，俄罗斯总统叶利钦到达北京，在北京活动了两天，《人民日报》用了五张照片。照片虽然不怎么出彩，但拍照的经历我却难以忘怀。一张叶利钦游览长城的照片，我是一个偶然的机会拍到的。现场上百名记者，拍上这个镜头的只有我一个。当时外交部和警卫局怕记者多了现场混乱，用绳子把记者拦起来，规定了拍照采访区域。总统从你面前走过，能不能拍上就看你的本事了。我选的是第一个点，一来一去，有两次拍摄机会。警卫人员还很有把握地说：“你们不要乱，保证你们有拍照机会。”

叶利钦来了，我们定点记者没有乱，倒是跟随他的警卫、记者、官员乱作一团，秩序一乱，拍出来的照片分不清谁是被摄主体。第一次拍照失败。等叶利钦登完长城回来，现场乱得更厉害了。我心想：“这次长城白来了。”不少记者收拾“家伙”准备去停车场拍他上车回京的画面。我因为没拍到理想照片，有点儿垂头丧气，跟在叶利钦随行人员的身后慢慢走。突然，叶利钦停了下来，跟他的随行人员说着什么。我马上爬到一个售货台上，从上面用傻瓜机连拍几张，把叶利钦一行和万里长城收进了镜头。可惜，第二天的《人民日报》版面没有选用这一张，用的是新华社记者拍摄的叶利钦与夫人在一起的镜头。我想，虽然没能公开发表自己的作品挺遗憾的，但我用手中的相机忠实地记录了中俄历史上这一瞬间，见证了一段崭新的友好历程，也算欣慰。

《小平您好》——我的名片

我拍的《小平您好》这张照片，三十年来在国内外报刊不断出现，这张照片既歌颂了邓小平带领全体中国人民进行改革开放，取得举世瞩目的伟绩，也让我这个默默无闻的拍摄者成为新闻人物。

我们摄影组每次参加大型活动之前，都要做一些准备工作，还要请有关部门给予支持配合。1984 年中华人民共和国成立三十五周年国庆阅兵，向大会筹备处报名时，得知给《人民日报》摄影记者只安排一个记者证。以往这种大型活动，都要有几个人参加，这次只给一个证，这怎么行？于是，我给报社编委会写报告，请求增加摄影记者名额。经过努力，在 9 月 30 日下班前，我从大会筹备处拿到了采访证。

大会筹备处在金水桥南侧专门为摄影人员搭了一个统一的台子。我因为拿到记者证晚了，没有我的位置，只能自己想办法。我就请汽车队刘殿江等几位工人师傅帮忙，他们连夜用三脚铁赶做了一个 2 米高、1 米见方的台子，在天安门广场戒严前送到金水桥南侧指定位置。

我当天的主要任务是站在这个台子上，用 1000 毫米长镜头拍摄天安门城楼上的党和国家领导人，我还带了一个徕卡 135 相机兼顾拍游行的群众场面。

威武震天的解放军阅兵式结束后，群众游行开始。一辆辆花车从眼前走过，人们欢呼、跳跃，抒发对以邓小平为首的党中央进行改革开放的拥护和经济建设蒸蒸日上的喜悦。当北京大学的学生队伍突然打出“小平您好”的横幅时，全场顿时一片欢腾。尽管这个横幅不正规、不起眼，但这是青年学生用自己特有的方式，表达对领袖的真挚感情。我在台子上看到了，当时的心情也很激动，马上用徕卡相机连拍两张，紧接着横幅就消失了。由于“小平您好”的横幅只展示了几秒钟，现场虽有几百名国内外摄影记者，拍下这个场景的可能只有两三个人。我很幸运，抓

1984 年 10 月 1 日国庆游行，北京大学学生队伍中打出“小平您好”的横幅（王东 摄）

拍到了这一瞬间。

当天晚上，照片冲洗放大出来，我感觉《小平您好》这张照片有点儿意思。看到这张照片，一版编辑都说好，但出于谨慎，没有选用。

二版也是新闻版，一版选完照片接着由二版的曹焕荣、徐如俊两位编辑选片。他们两人拿着照片找到时任二版主编保育钧请示，保育钧慧眼识珠，一眼就看上了《小平您好》，他指着照片说：“这张好，就这张。”于是，《小平您好》在 1984 年 10 月 2 日的《人民日报》第二版与读者见面了。

照片见报后，很多人说我拍了一张好照片。四川省委宣传部部长许川就打来电话夸奖我拍了一张有历史意义的照片，向我表示祝贺；乐山市一位读者来信说：“‘小平您好’四个字给人留下难忘的印象，这个瞬间不是豪言壮语，不是五彩纷呈，而是普通的中国公民自制的横幅，是人民的自发之举，揭示了人民与领袖心心相连。”类似的来电、来信还有很多，新华社摄影部在总结国庆宣传报道时，认为他们最大的失误是没有拍到“小平您好”的照片。

因为《小平您好》多次在报刊上出现，影响很大，可以说新闻界、摄影界没有人不知道《小平您好》这张照片的，但知道我的人并不多，因此，有人介绍我时就说：“这是《小平您好》的作者。”还有人戏指我说：“这是‘小平您好’。”把“作者”两字也省去了。《小平您好》这四个字几乎成了我的代名词。

这张作品在1985年被评为全国好新闻特等奖和全国最佳新闻照片。但从我个人角度来说，《小平您好》照片从摄影技术方面说不上怎么好，曝光有不足之处，仅仅是记录了一个瞬间，表达了人民的真实感情。

三十年的感悟

从1964年开始，我在摄影记者岗位上工作了三十多年。从专业角度上讲，要做摄影技术的多面手，要一专多能才行。不仅是暗房、胶卷冲放，还要编、采、通一手拿。我还学会了设计版样。从记者角度讲，不仅要拿得起照相机，还要拿起笔，做个“双枪将”。我的文化水平不高，1951年参加工作时是小学学历，在机关业余学校上了高中，拿起笔写文章不是件容易的事。报社领导鼓励记者当双枪将。我开始拿起笔，从自己熟悉的事情开始写，注意平时积累材料，逐步练习，陆续写了几十篇稿子，发表在大小刊物上。退休后也一直在整理多年拍的资料，并出版了几本小书。

当记者要有新闻嗅觉，尤其是摄影记者。文字记者过后还可以采访，而摄影记者取景器里的画面可能只有一次，漏拍了有重大历史意义的瞬间，就会遗憾一辈子。所以，提高摄影记者对新闻事件的嗅觉与敏感性非常重要。

1987 年 4 月，改革开放初期经商的广西罗城“小老板”（王东 摄）

夏曆庚寅年二月二十九　三月初五穀雨　人民日報　一九五〇年四月十五日　星期六　第五版

不悮農時，加緊春耕生產！

人民画刊

第四十八期

中央人民政府新聞總署新聞攝影局發稿　王純德等攝

清明節京市各界代表

祭李大釗同志之墓

↑北京市各界代表於清明節，祭先烈李大釗同志及其夫人之墓劉慶瑞。

↑北京市總工會主任蕭明同志，向先烈李大釗同志及其夫人之墓獻花圈。　·葛力群攝·

↑北京市郊聯青聯的代表在先烈李大釗同志及其夫人之墓前獻花圈致敬禮。　·葛力群攝·

↑生產小組正在整理工具準備下地。

↑生產小組出發。

↑土改後農村中之兒童學習文化。

↑人民政府工作人員下鄉親自幫助農民選種。

↑京郊雙槐樹村春耕開始，村政府在黑板報上書寫之口號。

↑農民們由市區拉回肥料肥田。

↑人民政府貸給農民的新式農具——耕犁。

↑農民們在自己分得的土地上努力春耕。　·盛耀武攝·

1950 年 4 月 15 日，《人民日报》第五版

蒋　锋

生活呼唤我抓拍瞬间

◎蒋铎　口述，朱悦华　整理

从画笔到相机

1937 年 5 月，我出生在北京一个贫困家庭，父亲是钟表修理匠。为了补贴家用，我做过几天街头报童。

我幼时爱好美术。1954 年，我从北京五中初中毕业后被保送到中央美院附中。1958 年美院附中毕业后，升入中央美术学院。那时学校教育学苏联，俄罗斯绘画大师列宾、苏里科夫等巡回展览，现实主义绘画画派对我影响很大。在中央美术学院学习半年后，我决定退学，到社会实践中去继续我的学习。学校挽留我，但我去意已决。

1959 年 5 月，经中央美术学院附中校长丁井文介绍，我进入《人民日报》社。对我来说，《人民日报》是一所更大的学校。开始在文艺部美术组搞美术设计，学着画地图、图标、刊头。1961 年，我调到总编室摄影组学习新闻摄影。摄影家吕相友是我的启蒙老师。摄影与绘画虽然差异很大，但都用视觉形象反映社会生活，摄影反映得更快、更直接。这与我的初始爱好不谋而合。我是幸运的。后来我知道，吴印咸、布列松等摄影大家，都有绘画底子。

1963 年 4 月，刚拿起相机不久的我，有幸面对面拍摄周恩来总理，距他仅两三米。由于缺少经验，过度兴奋，手忙脚乱，照片拍得不理想，没有见报。

1963 年 5 月 2 日，我拍摄的国家副主席董必武与首都群众一起欢度五一劳动节的照片在《人民日报》刊出，这大约是我见报的第一幅新闻照片。

梦想成真

1966 年“文革”开始。我的着眼点是拍摄毛泽东。中华人民共和国成立前，父亲曾告诉我，毛泽东是咱穷苦人的大救星。1949 年初北平和平解放，十二岁的我从报纸上第一次看到戴帽子、仰头、有些眯着眼睛的毛泽东照片，之后经常从报纸上、纪录片里看到他的容貌。我做学生时，参加国庆节游行，虽然毛泽东就在城楼上，但眼睛睁得再大也看不清。

1966 国庆节即将来临，我突发奇想：能不能在金水桥前用长焦镜

1966 年 11 月 3 日，毛泽东在天安门第六次接见红卫兵（蒋铎 摄）

头拍摄毛泽东呢？此意一出，立即得到吕相友的热情支持，他说这个点子好。但是，国庆节马上到了，去哪儿找这样的镜头呢？我们打了无数电话，最后打听到国家体委登山队有这样的镜头。

《东方红》乐曲奏响，我终于亲眼看到了毛泽东！他的形象的确光辉高大。记得那次检阅打破常规，从上午 10 点一直到下午三四点，持续了四五个小时，拍摄机会相当多。1966 年 10 月 2 日，《人民日报》一版的两幅照片，均是我用这个镜头拍摄的。我的梦想成真，成为除新华社记者外，第一个使用长镜头拍摄毛泽东的摄影记者。此后，许多兄弟单位效仿《人民日报》，进口这样的镜头，仅本报就先后进口了三台长镜头相机。外汇花费之大可以想象，始作俑者是我。

1966 年从金秋十月到初冬，我五次参加毛泽东检阅红卫兵的采访，五次拍摄毛主席。1967 年、1968 年国庆，我都得到拍摄机会。

拍摄成功使我确立了这样的信念——当记者要有梦想，采访机会要靠自己主动争取。吕相友就是一位善于争取采访机会的摄影记者。另外，我喜欢自然的拍摄方法，记者用全部注意力观察、选择和捕捉。这对我日后的采访主张、审美追求乃至风格的形成不无影响。

“文革”中我拍摄的毛泽东像，有的印成年画、宣传画，有的出了邮票。现在文物市场或者旅游景点一些仿制的瓷盘、笔筒上印有毛泽东与林彪在一起的照片，就是我拍的。虽属侵权，但无从查起。

周总理忧郁的眼神令我心动

摄影是表达情感的。

“文革”期间，摄影记者必须完成两个“规定动作”——一个是拍摄毛泽东，再一个是拍摄毛泽东和林彪在一起的画面。此外我还有自己的“自选动作”——拍摄敬爱的周恩来总理。

精力充沛的周总理累了（蒋铎 摄）

1968年国庆，我从镜头中发现周恩来与两年前相比，明显消瘦了，面容憔悴，我的心为之一动——我知道他是累的。后来看有关资料了解到，1967年，为了开好广州交易会，他苦口婆心做对立两派红卫兵的工作，与他们彻夜长谈，竟连续八十四个小时不睡觉。1968年，他已被确诊为心脏病。当时，我们拍领袖都着眼于表现他们的神采奕奕，笑容满面。我没有遵守这个不成文的规矩，拍下了此时周恩来忧郁的眼神、疲惫的神态。虽然当时不能发表，但若干年后看到这幅照片，就令人想起周恩来当时的艰难处境。北京电影学院杨恩璞教授在他的著作《摄影鉴赏导论》里评价这幅照片："周恩来历来给人仪表堂堂、风度翩翩的印象，为什么突然变成这般疲惫和苍老？这是被当时所谓的'文化大革命'折磨的。"还说这幅照片"很典型地透射出20世纪60年代的中国社会现实"。中国美术馆收藏了这幅作品。

我曾在"文革"初期周恩来召集的摄影记者会上，面对面聆听他关于如何拍摄毛泽东的谈话，他循循善诱，和风细雨，没有指责更没有训斥。他嘱咐大家拍毛泽东不要用闪光灯。他问新影的牟森在不在，他说像牟森这样的摄影师应该让他们出来工作。他给我的印象是一位可亲可敬、平易近人的长者，他离我们很近。

"文化大革命"制造了无数冤案惨案，是一场大灾难、大浩劫。但历史不能割断，不能更改，不能回避，也不能留空白。那些拍摄于"文革"的照片，自有其刻录历史瞬间的特殊意义。应该让后人了解这段特殊的历史，以便汲取惨痛教训。有关那段历史的照片、纪录片都是那段历史的宝贵见证。我拍摄的照片不过是沧海一粟。

以生活为师　走抓拍之路

1976年秋，我拍摄了《十月风雷》，记录了庆祝粉碎"四人帮"

的历史性瞬间。

十一届三中全会后，我的新闻摄影进入繁忙期。一是我的观念发生变化，思想解放了，对新闻摄影规律的认识和理解不断深入。二是社会生活日新月异，出现了许多新事物、新问题，值得拍摄的东西空前的多。我虽然拍摄了刘少奇追悼大会这样的重大政治事件，但更多的是着眼于普通老百姓。

1978 年底（后来知道，我这次采访差不多是十一届三中全会的同时），我去北京内燃机总厂采访，被工厂里热火朝天的学习气氛打动。我觉得再按以往套路拍摄，已不能反映这全新的气象。以往是选好人物、地点，摆一个姿势，拍完了事。这次，我从早至晚泡在工厂里，一连数天进行体验和观察，从旁边悄悄拍摄，不求画面完美，务求人物真实自然的表情，尤其是专注的眼神，以表现他们的内心世界。照片以“勤奋学习大有希望”为题，在《人民日报》整版刊出。这组照片与“文革”时期说教式的政治标语照片相比，表现手法截然不同，因而引起了摄影界注意，有的同行打来电话谈读后感。我觉得，《人民日报》的新闻摄影应该迈出这一步。《中国摄影》杂志约我写文章谈经验。这一组摄影作品中的《技术讲座》入选全国影展，著名摄影评论家袁毅平在他的论文集中收了这幅照片。

我给《中国摄影》写的文章，题目就叫“以生活为师”，这个提法来自中国绘画大师李可染。李可染绘画技法早已经炉火纯青，但他却说，在新的描写对象面前，常常感到束手无策，而非常人想象的那样轻车熟路，胸有成竹。李可染大师自称苦学派，他对生活尚且这样毕恭毕敬，谦虚谨慎，何况吾辈？

1980 年秋天，我去河北临西县采访，正赶上这个县头一年实行包产到户。农技站站长、技术员葛友明告诉我，过去是我们追着农民，求

1991 年 6 月，麦熟季节，来自甘肃天水的麦客到陕西宝鸡关中平原割麦（蒋铎 摄）

1996 年 5 月，在京广公路河北段，新麦客——康拜因南下（蒋铎 摄）

他们科学种田，现在反过来了，是农民追着我们，求我们教他们科学种田。这是一个重要的历史转折。怎样表现这个转折？原本有省事的办法——找几个农民围着技术员，让他们装着“认真”听技术员讲科技，进行拍摄。但我采用了笨办法。我立志抓取庄稼人发自内心的情绪。“白露早，寒露迟，秋分种麦正当时。”此时正是秋分前夕，集市上农技站咨询摊位前人头攒动，格外繁忙。庄稼人有的皱着眉头看种子介绍，有的把麦种放在粗大的手心里，仔细掂量它们足实不足实，有的围在葛友明等技术员身边问这问那……我兴奋地捕捉庄稼人焦急、渴望的眼神，表现庄稼人重新热起来的心。这组照片虽然人物形象真实可信、朴素自然，反映了农民对农技的渴望，但貌不惊人，见报的篇幅也不大，标题是《关心庄稼的人多了》，平平淡淡。不料竟收到一封农民读者的来信，我的追求，他感受到了。这封已经变黄的三十三年前的信，我至今珍藏着。我得到过许多奖状、证书，但我更看重这封农民读者的来信。

1991 年夏，我参加边疆万里行采访，在陕西宝鸡看到成群结队手持镰刀、身背锅盔的麦客，十分好奇。不知源自何朝何代，每年麦熟时节都有成千上万甘肃天水一带的农民来到八百里秦川，由东至西，一路挥汗割麦，宝鸡是最后一站。麦客体现了中国农民的吃苦耐劳、坚忍不拔。我意识到这种现象恐怕将成为历史，就赶紧抓拍了不少，但一直找不到由头发表。不出所料，几年之后，身背锅盔、手持镰刀的麦客真的不见了。

五年后，1996 年初夏，又一个麦收季节到来，我在京广公路河北段见到结队的康拜因南下，马上意识到这就是新麦客！欣喜之情难以抑制，回到报社，我连忙将五年前和新拍的这两幅照片编在一起，于 1996 年 6 月 3 日在《人民日报》二版头条位置以“麦客换上新装备”为题见报。总编辑范敬宜看后动情地写了很长一段话。他说：“仅仅五年时间，生产力的发展，人的精神状态的变化，就给人以恍若隔世的感觉。”他特别提到“这组照片之所以感人至深，还在于利用的旧资料是一张非常真实、生动的现场照片。旧麦客的服装、神态有着鲜明的时代特征”。这组照片获《人民日报》年度精品奖一等奖。

强调以生活为师，尊重生活，尊重群众，是否意味着记者只能处于被动式的记录，靠碰运气过日子呢？恰恰相反，以生活为师，需要记者的思考、构思、选择、判断、情感投入和知识积淀。

1996 年 10 月 14 日，我在沂蒙山蒙阴县拍了两幅照片，一幅是反映成堆的比鸡蛋大不了多少的传统国光苹果无人问津，果农一脸不解和焦虑；另一幅是新品种大个头的红富士，苹果没有采摘，已经预订一空，果农则一脸阳光灿烂。鲜明的对照，生动说明苹果品种调整的紧迫，也说明政府出面帮助果农渡过难关的紧要。我之所以能将这两个瞬间联系起来，进行拍照并确定主题，得益于那几年我一直关注苹果的产销问题。没有这个积淀，就不会在现场有这样的联想和判断。这是新闻摄影的特殊性。文字可以在事后寻找主题，琢磨怎样运用采访来的材料，摄影常常要在拍摄现场意识到主题在哪里，一旦错过，后悔莫及。虽然大家都端着相机拍照，但每个人的想法是大相径庭的，所以说比相机更重要的是头脑。

沈　进

求真　求实　求新　求责

◎沈进　口述，田玉香　李京立　整理

学生时代

1942 年 2 月 27 日，我出生于上海市卢湾区，曾用名沈谷容。父亲曾经是电车售票员，后来进工厂做行政管理，母亲自己做点儿卖菜的小生意。我是家中长子，有一个妹妹和一个弟弟。我小时候念过三年私塾，后来就到附近的上海市合肥路小学上学；1956 年小学毕业后，就到上海市市南中学念初中；1959 年初中毕业后，进入上海市第四师范学校学习。师范学校是定向为小学培养教师的，要求学生多才多艺，我的文艺爱好就是在师范学校培养的。记得那时我和同班同学们一起自编自导自演话剧，演过《王孝和在狱中》《小英雄刘文学》，后者还参加了上海市文艺会演。

部队生活

1961 年征兵，正逢“三年困难”时期，国家不从农村招兵，改招城市兵。之前，每逢国家征兵我都积极报名应征，皆因视力不合格，未能应征。这次，我同样积极报名，终获批准应征入伍。

1961 年 8 月，我被分配到当时的福州军区通讯第八团三营九连当了一名通信兵，分配在连队当文书。我们团非常重视部队文化活动，经常以比赛形式组织团营连文艺会演，每个连队都有一个小文艺队，我是其中一员。我们是电缆连，任务是铺设地下通信电缆。为了用文艺形式反映连队生活，我就组织连队演出队自编自导自演了《电缆舞》。因为连队里上海兵较多，我还为此编了个小“沪剧”。这些节目都参加了团里组织的文艺演出比赛，均获得了好名次。后来，团里成立了通八团战士业余文艺演出队，团部把我选为其中一员。每逢重大节日，都去参加军区组织的文艺会演，接着就下部队和地方巡回演出。部队生活充满活力，只要集会，会前都要高唱革命歌曲，全连集会，班排互相拉歌；团营集会，各连互相拉歌，整个集会现场歌声不断，宛如大江浪涛此起彼伏，高昂振奋。每次我都是连队带领大家唱歌拉歌者之一。

新闻记者

记得是在 1966 年底，部队通知我，调我去《人民日报》工作。1967 年春节后，我到《人民日报》社报到，开始了新闻摄影记者生涯。这是我做梦都没有想过的事。

到报社后被分配在总编室摄影组。当时摄影组领导吕相友给我简要介绍了摄影组概况、工作性质及要求，接着发给我一台好像是老式的苏制潘太克斯照相机。我一点儿都不会用，吕相友就手把手把光圈、速度、对焦等最基本的技术操作方法教给我，然后就让我自己去实践练习拍摄。

我第一次拍摄时是有一天的一个傍晚（当时组里也没有上班下班之说），领导传达让我们到北京市委，我就跟着组里其他老同志一起去了。在现场我拿着照相机不管三七二十一就咔嚓咔嚓地拍，回报社将胶卷冲洗出来一看，无论曝光、取景、构图基本上都不行，当然也有个别瞎蒙拍好的。这是我初试摄影。

此后，我又经历过几次实战采访。在采访拍摄过程中，我有意识地用不同的曝光指数分别拍摄几张同一个场景，待胶卷冲洗出来后，细细观察分析这几张照片所呈现的影像状况，选出一张最合格的，然后再追忆拍摄这张照片时的光线、所用曝光指数并印记在脑海中。用此办法，拍摄实践越多，脑海中这种数据积累也越多，慢慢也就得心应手了。记得我第一张见报的新闻照片拍摄于1967年5月1日国际劳动节，5月2日刊发于《人民日报》第四版。照片拍摄的是人们欢度国际劳动节喜庆热闹的场景，照片配文为“鼓咚咚，锣当当，欢乐地唱，欢快地舞”。

掌握正确的摄影曝光，对新闻摄影记者来说只是基本要求，重要的是能善于快速捕捉新闻事件并真实鲜明地反映。

1988年，我参加七届人大一次会议采访。这是一次重要的换届会议。我进入采访工作后，就一直琢磨如何使这次会议的特点“换届”成为

1988年3月24日，人大举行换届选举，彭真委员长与即将接任他工作的万里委员长热烈拥抱（沈进 摄）

报道最突出的亮点。3月24日，彭真委员长主持完最后一次主席团会议，在他即将离开会场时，突然与即将接任的万里热烈拥抱。这是突发的瞬间，当时在场的同行们都在稍事休息，有的已准备收兵，眼见这突发的历史瞬间，欲抓拍已措手不及。好在我脑子里一直绷着“换届”这根弦，并有一种预感，所以不敢丝毫松懈，手中相机的长镜头一直全神贯注地盯着彭真委员长的一举一动，当这个稍纵即逝的瞬间出现的一刹那，我条件反射地按下了手中的快门，突发的瞬间被我抓住而定格了。第二天，《人民日报》头版右上角的突出位置以“独家新闻”刊登了即将卸任的彭真委员长和即将接任的万里委员长热烈拥抱的照片。

我最初设想的报道要鲜明地突出“换届”这个特点的目标实现了。这幅照片因其人物神态感人，内涵丰富，获得广泛好评。新华社在该照片见报的当天上午，将这张照片作为通稿发往国外。

摄影组的蒋铎见到这张照片后很激动，特意在1988年4月23日出版的《新闻出版报》上撰文评说褒奖，这是老同志对我工作的肯定和鼓励。

作为新闻摄影记者，采访会议新闻，除了要善于准确快速捕捉新闻，对会议新闻的报道形式也要力求独特新颖。

1988年6月2日，《人民日报》头版头条新闻《人大主席团会议通过选举法》，在刊发文字的同时，还刊发万里等六位领导人会场讲话时的生活照片，并直接用他们各自精彩的讲话作为照片说明，使消息发得绘声绘色，如临现场。新颖独特，不同以往。

1977年我去大庆采访，当时正在召开全国工业学大庆会议。大庆可报道的先进事迹很多，以往许多新闻单位对大庆方方面面的报道很多很全面。我这次的报道如何挖掘新意，找到有别于以前其他报道的新角度呢？我一直在细细研究，苦苦思索。最后我决定运用和发挥摄影特有的真实、形象、生动的优势，拍摄大庆英雄人物生动的肖像，再把他们每个人的先进事迹浓缩写成一首首赞美诗。为此，在稿件见报的头天夜里，我一边阅读他们的先进事迹，一边激情地一首诗一首诗地写，共有十九位先进个人和四个先进集体，一人一首诗，将报道主题定为《铁人精神永放光芒》，副题定为“大庆英雄谱”。《人民日报》用1977年4月19日第五版和第六版的篇幅进行报道，十分有气势，反映强烈。当时摄影组领导吕相友告诉我，时任新华社社长朱穆之对这个报道很赞赏，称：“这是新闻报道的一个创新，应该向《人民日报》记者学习”。

吉林省电影公司幻灯制片厂，还专门把《人民日报》报道的《铁人精神永放光芒——大庆英雄谱》制作成一套专题幻灯片大量发行。该厂特地寄送一套给我作纪念。

争取专版

摄影新闻和文字新闻是报纸宣传的两种不同形式或手段，它们各有自己的特有功能。编辑部各部都有自己的专版，摄影组作为报社唯一的专业摄影部门，应该有自己的摄影专版。摄影组历史上曾有过此类专版，后来因机构和人员的变化停止了。为此，我在一次报社编前会上，力陈摄影组应有自己摄影专版的理由。时任总编辑邵华泽在会上问我：“你要几个版？”我原想说一个星期一块版，后一转念就说：“一个或两个都可以。”邵华泽听后非常痛快地说：“好，给你两个。”即一个月两块版，前半月周二出版，后半月周五出版。我高兴极了。接下来是如何把这两块摄影专版创编好，不负领导的支持和信任。我考虑很久，最后决定把摄影专版定名《画刊》，主题定为“在我们生活里”。因为生活好似七色光，非常美丽；生活又如万花筒，丰富多彩，变化无穷；生活更像大海，宽广深邃，时而风平浪静，时而波涛汹涌。摄影《画刊》就要这样认识生活，学习生活，反映生活。生活又是具体而真实、形象而生动的，这与摄影的功能特性完全一致，摄影是反映生活的最佳手段。所以，把贴近生活、真实地反映生活作为摄影《画刊》的宗旨。

摄影《画刊》的稿源主要来自基层的通讯员，他们最了解并能及时反映基层生活。那时每天收到很多来稿，我对来稿认真阅读其文字、审视其画面，根据内容分类，对选用的稿件一一加以核实，编辑成不同的报道专题。

我所编发的摄影《画刊》有歌颂真善美的《人间真情》，有反映与国际友人友好往来的《有朋自远方来》，有赞美人民子弟兵的《最可爱的人》，有反映群众生活并极富趣味性的《自行车的王国》，还有反映计划生育、旧习俗婚礼、农民遭受假种子坑害欲哭无泪等内容的专题。

有一期题为“北京南营房居民有了盼头”的《画刊》，那是我根据来稿编发的。内容反映的是坐落在北京朝外大街的南营房居民区旧房拆迁改造，居住这里的居民一直说：“现在吃穿都不愁，就盼住房有改善”。《画刊》刊登的照片有几幅是记录南营房狭窄拥挤的生活环境和矮小破旧的居民住房。报社有同志对此在评报栏里评说，《画刊》画面破乱，无美感；也有同志评说，这是反映真实。我认为所有对这期《画刊》评说的意见都很中肯，实为难得。当时，为了促进报纸质量的提高，报社领导在5号楼一层大厅专设了一个评报栏。《在我们的生活里》专题《画刊》刊发后，评报栏内多有评赞：“《画刊》好！照片充满生活气息，富有新闻性，发在新闻版上幅幅有大用，希望《画刊》对新闻摄影有促进作用”，“《画刊》贴近生活，有褒有贬，内容丰富，开拓报道新领域，这个点子好！”还有评语说，“本栏《画刊》创办以来，受到欢迎，希望再接再厉，争取得‘好栏目’集体奖。”当然，对个别专题如旧房拆迁改造一期《画刊》也有不同评说。我认为所有对《画刊》的评说都很中肯，实为难得，我由衷地表示感谢！

我退休以后，摄影组后人将摄影专版名称由原来的《画刊》改为《视觉新闻》，新颖、时尚，也更确切。

多尽职责

我把贴近生活作为编辑《画刊》的宗旨，同样，在日常的新闻报道中，我也要求自己勤于思考，对社会有责任感，真实反映生活。

记得在 1983 年，我去采访北京农展馆举办的五省市轻工产品展销会，经几天观察，发现各种各样款式新颖的服装应有尽有，花色品种丰富多彩，琳琅满目。来展会参观的青年男女个个都两眼发光，满脸堆笑，选购了这件，又试穿那件，欣喜不已。慢慢地我又发现，展会上一些中老年人，在展厅里来回参观，看了这家展品，再转到下一家展品柜台，难觅一件合适衣装，郁郁无奈。偌大个服装展销会，适合中老年的服装竟寥寥无几，难得一见。当时我觉得这是个问题，作为记者应该反映一下。我就拍摄了两幅照片，一幅是《青年人满面春风试新衣》，一幅是《老年人无可奈何柜台前》，汇编在一起，形成鲜明对比，刊发于 1983 年 5 月 17 日《人民日报》第二版，就此为中老年的生活需求向社会呼吁，以期解决。我觉得这是记者应尽的一种社会责任。

1984 年 12 月，我到杭州铁路分局采访，完成任务后，经有关人员建议和陪同，慕名到著名老企业张小泉剪刀厂参观。该厂领导很无奈地向我诉说，现在社会上有不少伪劣产品假冒张小泉剪刀，使他们厂在声誉和经济上深受其害。我听后深表同情，觉得这是个社会问题，应该通过新闻报道给予反映。回报社后，我写了一条消息《张小泉剪刀厂的苦恼》，于 1984 年 12 月 30 日《人民日报》二版头条刊登，时任二版主编杨传春还专为消息配了言论《真假李逵》。

1985 年 7 月 29 日，我又在《人民日报》二版刊发了随笔《全聚德

《老年人无可奈何柜台前》（沈进 摄）

《青年人满面春风试新衣》（沈进 摄）

卖油条》。记得当年北京市卖早点的网点很少，市民买早点难，社会有关部门也为此积极开发出流动的早餐车方便市民。著名老字号全聚德和平门烤鸭店为服务市民，做起卖豆浆油条的小生意，我觉得他们的精神值得赞美，他们的做法值得倡导，就动笔写了这篇随笔。

摄影记者拿起笔写文字报道，这是工作需要使然。

从 1967 年开始至 2002 年离职退休，我在新闻摄影记者岗位上工作三十五年，回想当年我刚进报社，是一个连中专文化都没有学完的部队战士，要一跃担负起需要具有高等文化学历的记者编辑工作，所面临的困难可想而知。当时，不可能进专门的新闻学院接受专业培训或进修，唯一的路就是下水学游泳，实践磨炼。革命战争年代创办《人民日报》的老前辈，他们是我的信心和力量所在。日常工作中，更有领导和老同志的热诚帮助，让我不辱使命，顺利走完三十五年记者工作生涯。

我的体会是，记者职业不同于其他工作。它的一个显著特点就是社会性，凡是社会的政治、经济、文化、生活等，它都要涉及，都要了解熟悉，都要写反映作报道。

记者不仅要具有高学历的文化知识，更要关注社会，有为社会民众服务的责任意识。

记者所作新闻报道的核心价值就是真实。否则，不仅不能为社会服务，反而有害于社会，有害于民众。尤其是新闻摄影记者，新闻报道是真实形象的纪实，这种真实是历史的真实，一旦人为弄虚作假，危害巨大。

记者工作的这些特点，使我们报纸的宣传报道可信可读。

我的记者工作当然谈不上什么个性风格，却是踏踏实实全心全力履职尽责的。

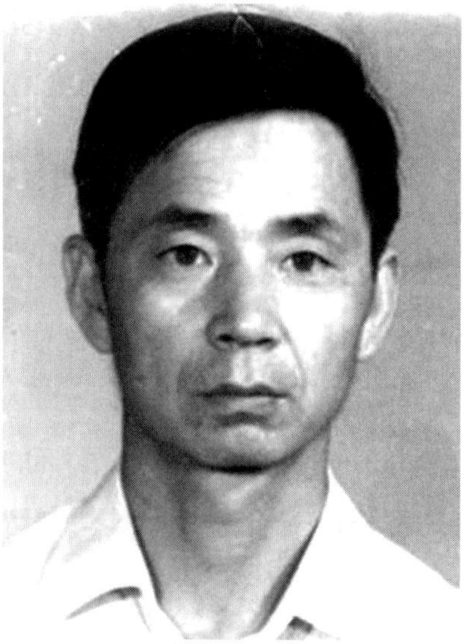

卢伟友

我的相机让历史跨越形象化

◎卢传友　口述，田玉香　李京立　整理

普通农家喜好美术的孩子

1942年11月20日，我出生在东北辽宁省营口市，祖籍山东梁山县卢家屯。20世纪三四十年代，老家发大水，父亲带全家闯关东到营口（当时是个小城镇），靠磨香油为生。父亲四十岁时得"倒食病"去世，母亲带着大哥、二哥、姐姐和我继续在营口生活。由于没有生活来源，只能靠捡破烂、捡煤核为生，日子非常难。为了减轻家庭负担，姐姐十四岁就出嫁了。姐夫是穷苦农民出身，老家在河北省文安县吉村，当时也在营口打零工，生活上经常接济我们。

1951年，我母亲带着二哥和我来到河北文安吉村安家，住在村民给我们盖的土房里。我大哥和我姐夫在北京建筑工地工作。

1954年，我们全家来到北京。大哥在建筑队有了稳定的工作，全家的生活得到基本保证。这时我已经十二岁了，在海淀区挂甲屯小学上学，1959年考入北京101中学。我从小喜欢画画，在101中学学习时，美术课的成绩很好，学校美术组吸收我为队员。美术老师经常组织绘画活动，对我在绘画方面的成长起到了很大的作用。1962年，我考入了北京工艺美术学校学习工商美术专业。

《人民日报》摄影记者之路

1965年8月15日，我从北京工艺美术学校毕业，被分配到《人民日报》总编室摄影组。当时，吕相友任摄影组组长，组员有王东、王景仁、蒋铎和我。

我刚到《人民日报》时心气很高，认为《人民日报》是党中央机关报，能在这里工作是人们梦寐以求的事，在这里我要好好向老同志学习，努力工作，争取早日入党。刚到报社，我的工作主要是管理本报和新华社图片资料，晚上和其他同事轮流值夜班，为本报提供图片，供夜班编辑编报时选用。后来，图片报道任务越来越多，我逐渐拿起相机，开始拍照片，向本报提供照片。

两三年过去了，觉得情况和自己想象的不太一样，大家都在忙自己的事，没那么多的时间和我交流，在业务上除日常工作外很少主动和我交谈什么，我刚到报社时的“锐气”越来越少了。现在回想起来，做资料整理工作，也是学习和积累经验的过程。通过实践我逐步认识到，新闻照片的要素是什么，什么样的照片适合报纸发表，如何把照片拍得更生动，照片如何剪裁才更适合见报等，取得这些经验为我以后能拍出好

20世纪80年代，云南地质勘探员在做分析报告（卢传友 摄）

照片打下了坚实的基础。

1965 年末，越南战争日趋激烈。《人民日报》为能及时把越南战争情况报道出去，需要一个绘制反映战争态势地图的人，我会画图，国际部把我调去了。

1966 年“文化大革命”开始后，我又被调到报社专案组搞专案。经专案组办理的“案件”，经过我们认真调查均属查无实据，以后为老同志一一“落实”了政策，解除审查，继续工作。我在《人民日报》上发表的新疆牧区孩子们上课的照片，就是在新疆办案时拍摄的，是我第一次在《人民日报》发表照片，也是我记者生涯的开始。

1971 年 4 月，我回摄影组继续搞图片新闻报道工作，直到 2002 年底退休。

难忘的记忆

在报社工作三十八年，我由一个初出校门对新闻业务一无所知的青年，逐步成长为一名摄影记者，增强了新闻采访意识和新闻敏感性，时刻想到自己作为一名《人民日报》记者应有的责任感、使命感。三十八年来，我在《人民日报》发表了大量的新闻照片，也编辑了许多图片专栏和图片专版。在我所经历的重大事件中，对唐山大地震、对越自卫反击战、1998 年抗洪抢险等都有报道。

我在 1979 年初对越自卫反击战期间拍摄的图片专版《军民鱼水情》是在特定的情况下拍摄的。在战争发起之前，我上报了反映广西“军民鱼水情”的图片报道题目，想把广西军民之间的拥军爱民活动反映给读者，还未出发，对越战争就打响了。

出发前，我收拾好保险柜和办公室抽屉里的东西，万一回不来呢。在前线采访还是很危险的，我离开团部采访时至少有两个战士荷枪实弹

1979 年初，对越自卫反击战期间，老百姓给战士补衣服（卢传友 摄）

1979 年初，对越自卫反击战期间，老百姓送书到前沿（卢传友 摄）

跟随，连上厕所战士也要跟着一起去。我去法卡山前沿阵地采访要穿过越军的封锁区，团长对我说，越军特工活动很猖獗，经常化装成老百姓袭击我们，他们对穿便衣的人特别注意，认为是大官或特殊人物，是他们重点袭击的对象，所以你到这里，应该给你配枪，以防不测。我在报纸上发表的《送书到前沿》《老人给战士缝补衣服》《战士们在地里帮老乡耕田》等照片就是在这种情况下拍摄的。回报社后，我选编了十多张照片，图文并茂地发表在《人民日报》上。

1998年发生的特大洪水使人记忆深刻。当年7月，我来到黑龙江省抗洪第一线松花江和嫩江。那里到处是汪洋一片，百年未遇的特大洪水给人们带来了巨大的灾难。战士们舍生忘死与洪水搏斗，我也不惧危险，白天拍照片，晚上用笔记本电脑制作照片，把灾情和抗洪勇士的照片及时发出去。在松花江和嫩江边的十多天时间里，我看到了抗洪现场的危险与艰苦，看到了抗洪战士们因劳累过度，走路都要打盹的疲劳状况，看到了战士们奋不顾身跳到水里堵决口的忘我精神。摄影记者的工作也有一定危险，要把新闻事件反映出来必须到现场，面对随时可能发生危险的情况，是顾不了那么多的，冲上去，选取最好的角度，把新闻画面拍摄下来，告诉读者发生了什么，这是新闻工作者的职责所在。

拍摄取牛奶难

1982年4月，刘国昌对我说，报社西大门对面呼家楼取奶站取奶困难，找时间你可以去看看。第二天一大早我来到了取奶站，场面真“壮观”：弯弯曲曲如盘龙一样的取奶队伍，只能容纳一个人工作的取奶窗口，构成了当时取牛奶先交钱，再发取奶卡，凭卡取奶，然后再排队领取这样一波三折的“场景”。因为人多，场面太大，为把这样的场面表现出来，我爬上了居民楼顶，拍下了“取奶难”的照片。照片见报后社

1984年4月，在北京朝阳区呼家楼小区拍摄“取奶难”（卢传友 摄）

会效果较好，引起有关方面领导的重视，表示将采取措施尽快解决取奶难的问题。1998年9月，市场经济蓬勃发展，奶源充足，送奶员把牛奶直接送到家门口。我在北京市朝阳路华堂超市拍下了顾客选购牛奶时的照片，各种各样的牛奶和奶制品应有尽有，随意挑选。同样购买牛奶的场景，前后对比，历史的跨越就形象化。

回忆三十多年来走过的路，我感到欣慰。作为摄影记者，到基层去，到艰苦的地方去，克服困难，发掘新闻线索，深入现场，拍摄出有新闻性、有视觉冲击力的好照片，是义不容辞的义务与责任。

夏曆乙未年四月初一　今日小滿　人民日報　一九五五年五月二十二日　星期日　第五版

長江航運

1955年5月22日，《人民日报》第五版

王景仁

回首一生，深情都在镜头中

◎王景仁　口述，张海萍　方红　整理

老师帮助我上美校

我是北京人，家住丰台，1943 年 8 月 10 日出生，在丰台中学读完初中。我的初中老师是马来西亚归国华侨，喜欢有专长的学生，我美术作业做得好，跟老师学习了一些美术方面的知识。

快毕业时，美术老师听说我毕业后要另找事做，就劝我应该继续学习，推荐我上北京工艺美术学校。我一听学美术还要交学费，怕家里不支持。

老师说，自己出画笔、纸、颜料就行了，其他什么都不要，吃饭、住宿都不要钱，学校全管了，让我回家跟家长商量一下。

我回家一说，我爸就说："你上学什么都管，那我得交颜料费啊。"他有些不太愿意。

那时候全家七口人的生活就靠爸爸一个人。爸爸是个手工业者，在丰台大街上盖了一个房子，做黑白铁匠。我们家有五个孩子，家里生活拮据。供我上完初中，爸爸觉得我还是早点儿工作比较好。

我到学校把爸爸的意思跟老师说了。老师还是坚持要我上学，他陪我来到家里对我爸爸说，上工艺美院，学校管吃、管住。爸爸说：家里有五个孩子，再供我继续读书，确实有难处。老师又劝他说，进了学校还可以勤工俭学，为学校卖些日用品，可以坚持下来。

老师这样一劝，爸爸就同意了。

从美校到《人民日报》

美校要考试。老师对我进行了考前辅导，讲了色彩、素描什么的，我准备了一些考试用的笔和基本颜料，就去参加考试了。考场设在北京西城甘家口马神庙。

学校发榜了，我真考上了！我很兴奋，老师也高兴得不得了，可以说比我还高兴。

我穿着简单朴素，背着布书包报到去了。一进校门我傻眼了，大部分学生留大背头，有的戴金丝眼镜，提着好提包，都很抢眼。一进教室，老师跟大家说，今天来的学生都是我们录取的。我一看周围，好家伙，同学个个像模像样。我退不出去了，心想，得了，我就上吧。

回到中学，我把头一天的感受向老师诉说。老师说，没事儿，你别看他们那样洋气，将来看谁学得怎样，你学得好不好，那是另外一回事。他们的条件比你好，但用功不用功才能显出高低。

在马神庙上了半年，学校搬到了龙潭湖新址。到了龙潭湖，校室也变样了，三层的楼。从三层往下一看就是龙潭湖。这所学校虽然是个中等专业学校，但与朱德委员长有着直接关系：中华人民共和国成立之初，我国出口创汇的重要一项就是工艺美术产品。朱德委员长对中国优秀的传统工艺美术格外关注。1958 年成立了北京市工艺美术学校，朱德委员长任名誉校长，国务院事务管理局副局长谢邦选出任第一任校长，办学目的是培养既能设计又能动手制作的人才。

我在校学习四年，学习内容主要以工艺美术为主。学校设有不同工艺的车间，并派经验丰富的老艺人担任师傅。此外，学校还组织了许多大课，请了当时文化界的名人举办讲座。

临毕业时，校方把我、卢传友还有许林找去，说是《人民日报》社来了一位干部，要从咱们学校招几个学生，学校从家庭方面（当时对出身很讲究，讲革命性，出身贫穷是有利条件）、政治方面、学习方面衡量，选你们三个去《人民日报》社。后来得知到学校招人的是姚勤。这是1965年8月的事情。

第一次出差经历

1965年9月，我们三人到了报社，被分到不同的部门，我在摄影组，卢传友到了国际部，许林去了文艺部。

20世纪80年代初，相声表演艺术家侯宝林（王景仁 摄）

到摄影组后，我先是搞资料，就是在样版纸上贴上照片小样，再在下面用工具刻上年、月、日，然后再找底片同样刻上年、月、日的数字，底片跟照片小样对上号。这期间我与沈同衡在一起工作，他原来在文艺部美术组工作，后来被划为右派。其实他为人很好，是优秀的美术家。我跟老沈工作了一年多，努力向他学习。后来他去了新疆，我与组里的同事一起帮助他家搬东西，把他一家人送上火车。他一走就是十年，粉碎“四人帮”以后，右派得到改正，他才回到了《人民日报》。

我跟着老沈学习的时候，也开始出去拍照采访，主要是在北京拍一些照片。那时相机很简单，就是德国老式的徕卡 F3。

我第一次出差是在 1966 年夏天，跟王东一块儿到上海。到上海后住在新华社上海分社，我们出去时要跟分社的人打招呼，让人家知道你去哪里了，什么时候回来。

我和新华社分社的人跑了一趟上海柴油机厂。从外面看进去，厂房很大。在厂门口，工人们不让我们进，问我们是哪儿的？我们说就是来你们这儿看看，工人们操着浓重的上海话不让我们进去。我们在周围转悠时，发现一个小门，就溜着往里走，走进去以后就没人管了。

进去一看，里面有吵的、打的，就是那种派性争斗的场面。好么，

1967 年 10 月，阿尔巴尼亚人民军艺术团参观京棉三厂（王景仁 摄）

这气氛还真不能待，人生地不熟的，我们就赶紧看看是什么情况，当时我虽然拿个小包，里面装着照相机，但也不能拿出来，人家一看你有相机，肯定会有麻烦的。

我们回来以后，把看到的情况跟王东说了，王东说："这有什么可报道的？有什么可拍的吗？"我说那听听"家里"的意见吧！王东就给摄影组组长吕相友打了电话，说乱哄哄的没什么可报道的。吕相友说："你叫景仁接个电话。"我就对吕相友说，刚到上海，情况不是很了解，想到其他地方转转。吕相友就问："噢！那你要转的话，一个人行吗？"我说："我刚到这儿，不了解情况，但分社的人还挺不错的，愿意一块儿出去转转。"吕相友就说："你要是愿意转转，你就留下。王东要是坚持回北京，他就先回北京。"

于是，我跟着新华社分社的人跑了崇明岛等几个地方，那时崇明岛还是农村。采访了大概一周左右，"家里"就来了电话让我拍些片子，要求尽量别把派性斗争拍成片子本身，要拍一些场景，如大字报、标语什么的，看看有这些东西吗？我接受任务后就去拍摄了，回来洗出来给领导看。领导说，这个情况挺敏感的，不便于报道，留个资料吧。就留了资料，没有见报。

难忘的两次拍摄

1977 年 11 月，东方歌舞团在北京天桥剧场演出，演员有朱明瑛、郑绪岚等，领导派我去拍片。这次拍摄我采用了两套方法，一种是用 120 反转片，拍了四五卷。反转片就是直接看的那种，底片本身是什么颜色就是什么颜色。那时反转片有十六张也有十二张的。另一种是负片，负片洗完了才是彩色的。

彩片洗出来以后大家都觉得不错，就用在了《人民日报》的彩版上，整整刊登了一个版面。送审时郭沫若把标题改成了“东方歌舞一枝花”。后来东方歌舞团看到这个彩版，就说这个标题好，实际上他们不知道这是郭沫若给起的。

1983 年 9 月 22 日下午，上海虹口体育场内人们的注意力集中在场地西北角，男子跳高决赛将在这里进行。我参加了这次拍摄报道。当身穿红色运动衣的朱建华出现在田径场上时，他首先试跳了三次，接着开始进入比赛。他跳高的每一过程我都拍，从蹬地、起身、过杆，这几个动作我都按下快门，所有的动作拍七至八张，我拍完朱建华跳高后，心中有了底，胶卷里大概还剩了七八张，其他的赛事我就不拍了。我知道编辑部就要他过杆的这一张片子,而且知道他这个高度是破世界纪录的。我从体育场出来时心里很满意，心想没问题。我赶紧找到《解放日报》的司机朱师傅，坐他的车赶回宾馆。

我冲洗胶片就在宾馆的洗手间,科教部的陈兴贵与我同住一个房间,我在洗手间冲洗胶片，他没办法上厕所，就到别人的房间去。我把窗户都挡上，布帘子黑纸都是从家里带来的，其他工作用品如放大机、冲洗液、显影液也是从北京带过去的。

我带的放大机是小型的，最多能放 6 寸。冲胶卷的时候不能手忙脚乱，当时上海温度挺高的，冲胶卷温度太高不行。我把冲洗的胶卷放在凉水盒里，凉水盒旁边吹着电扇，拿着温度计用来测量水温。我知道这张照片的重要性。把胶卷冲洗好，底片拿出来以后，就挂起来仔细看哪张好。有几张拍得不错，我心里就踏实了。之后就用房间里的电风扇对着这几张照片使劲儿吹，吹干后照片才算完成，可以传出去了。

之后我给夜班编辑打电话，说：“我认为拍朱建华冲击世界纪录成功了。”值班编辑说：“太好了，我们这儿给你留着位置呢。”实际上那位置是给新华社照片准备的，新华社也发了照片，而且比我发得快。

1988 年 4 月，邓小平带着两个小孙女在北京景山公园参加植树活动（王景仁 摄）

但是编辑部还是等我的照片，要比较一下。

照片洗出来，要到上海的电报大楼往北京发稿。我带上好几张洗出来的片子，让朱师傅拉着我去了。朱师傅人好，知道我不会说上海话，就帮助我对工作人员说："把这个片子传到北京时要传大一点儿，加密要加到最密的。"那时候发稿是用扫描的方法。上海与北京联系上以后，我就发稿了，图片传到北京，收发室在北京的电报大楼有人等着，他们收到片子，就给总编室打电话，说上海来的照片已经收到，他们一会儿就把照片送过来。

照片取回来后，夜班编辑包括李仁臣副总编辑都围过来看，比来比去，觉得还是我拍的这张照片比较好，就刊登在第二天的《人民日报》头版。

我在报社做摄影记者涉足工、农、商、学、体育、文艺等，回想起来发表的照片有：农业学大寨、北京首钢、改革开放后农业标杆刘庄、北京公交模范青年李素丽，还有一些艺术家的照片等。其中有些作品获得摄影家协会的奖项，这是对我认真工作、勤于思考的回报，也要感谢《人民日报》对我的培养，感谢领导给予我的指导。

1956年5月27日　星期日　　人民日报　　·5·

在一周的工作以后……

1956 年 5 月 27 日，《人民日报》第五版

孟仁泉

扛枪，修电器，终身职业是摄影

◎孟仁泉　口述，方红　田玉香　整理

生在工人家庭

1944年10月17日，我出生在浙江绍兴。父亲是铁路工人，我有三个哥哥，我是最小的孩子。父亲对工程师很敬佩，羡慕技术人员，希望我长大了成为一名工程师。那时候，父亲挣70元，若加班还可多些。大哥种地，另外两个哥哥上班。听父亲说，爷爷是酱油厂工人，家里有点儿地，属于下中农。父亲三岁时爷爷就去世了，奶奶靠给当地大户周家当用人勉强维生。日本侵略军打来的时候，父亲在周家看门，主人害怕都逃走了。后来日本投降，周家人返乡后，夸赞我父亲忠于职守，为人实在，就介绍他到京华火车站做扳道工。后来又到了杭州，于1958年到了上海。

我上小学在绍兴，初中时就读于上海铁路中学。1961年我考入上海电力学校，学机电保护。目的是学技术，做个让人敬佩的工程师。

穿军装上前线

上了一年多学，1962年，盘踞台湾的蒋介石叫嚣“反攻大陆”，我和同学们积极报名参军。可是我们不会打枪，校长说：你们新兵不会去打仗，至少在后方训练半年。我参军后穿上军装上了火车，一见那是个闷罐车，心里还想着不会打仗的事，我问连长：“火车往南还是往北开？”连长说：“别问，到地儿就知道了。”眼看着过了钱塘江大桥，还一直往南开，是往前线走。开到福建，恰逢发大水，火车停在两山之间，山下的路都被冲了，只好换卡车走。驾驶员指着远处黑黝黝的一片说："那是金门岛。"

到福建晋江围头的那天晚上，枪发下来了。学员集合，看见芭蕉树影随风摆动，以为敌人来了，就有人开枪了，全连紧急集合，结果是虚惊一场。

我们的任务是反潜伏，守在海边站岗巡逻，抓偷渡大陆的特务。有一天接到通知：有小股特务出来，要加岗加哨。特务一般夜里出来。早晨接到电话，说那个"蛙人"夜里上岸后，不知去向，可能就在我们防区附近，让我们出去搜。排长让我走前头，他提着枪走在后面，我们也很紧张。前面有个破庙，我们五六个人进庙，贴着墙角，小心翼翼地进去，打开手电筒，没有发现陌生人。第二天通报，说"蛙人"上来后不久就跑回去了。我虚惊了一场，至今记忆犹新。我在福建当了四年兵。

"掺沙子"进报社

1966年12月的一天，我在菜地浇水，连长叫我去谈话，问我想不想去北京，到《人民日报》工作。后来知道，1966年10月总政刘志坚副主任下令，从部队调一批政治可靠又有一些文化基础的军人进中央文化机关。当时说知识分子多的地方板结了，要"掺沙子"。我是高中生，算是有点儿文化，来"掺沙子"了。其实我的理想是复员回上海当工人，或者去图书馆当管理员看看书，没想到会来《人民日报》。

1967年2月1日，我来到《人民日报》政治部报到。接待我们的是人事处的董焕章，我当时二十三岁，一起来的有十一个人，阙邦火、沈进、黄振中、谢连辉、袁穆尧还有我是福州军区来的，来自北京军区的有：赵兴林、周天华、李瑞生、贾昭全、万贵生。我们这些人个子都不高，大家叫我们“十一个小矮人”。董焕章说：“现在传达室忙，你们先去传达室帮忙吧。”

在传达室帮一个月忙，就是在王府井报社门口群众接待室工作，夜班值班。那时看见安岗每天很早就来擦地板，很认真，我还以为是这里的员工。别人介绍说这是副总编辑，正接受劳动改造呢。

捅出大娄子进工厂

一个月后，吕相友把我要到摄影组。当时组长是刘振祥，我和沈进一起去的。一到摄影组，就发我一个相机，苏联卓尔基牌，135 型。后来又给我一台德国禄莱 120 的。吕相友有很高的威望，他手把手教我们使用相机。

摄影组很团结。吕相友虽然靠边站，但很多主意还是他出，比如：申请长焦镜头是为了拍摄天安门城楼上的毛主席，还要三脚架子；申请铁柜子、保险箱，是为了保证拍摄毛主席的照片要恒温恒湿。可以说，吕相友一定程度代表了《人民日报》摄影组。

1968 年国庆游行，我站在人民大会堂楼顶上拍场景，群众举着毛主席去安源的油画，这个场面很醒目，我就拍下来了。

第三天下午 2 点多，我刚到收发室，就听说印厂停机不印报纸了。到了办公室才知道江青发了脾气。叶寒青、刘振祥去人民大会堂开会去了，周恩来、陈伯达、姚文元都参加。原来国庆节游行时，江青在天安门城楼上明确地说，不要刊登“八个样板戏”彩车和关于她的照片，照片由新华社统一发。江青跟张纪之说了，张纪之忘记了告诉《人民日报》，所以刊出了我拍的那张照片。江青又哭又闹，说是别人故意跟她过不去。陈伯达就说，《解放军报》《光明日报》为什么没登，就你们登，以后撤掉《人民日报》摄影组，合并到新华社就行了。要是真按陈伯达的话落实下来，《人民日报》摄影组就没有了。好在在场者有人抵制，此事不了了之。

我刚到摄影组一年多就出事了，觉得对不起大家。那时讲工人阶级领导一切，当工人很有荣誉感，我就申请下工厂。吕相友不同意。当时冯宝负责保卫科，重视供电安全，知道我学过电机专业，就让我下厂了。我很郁闷，知道捅娄子了，报纸已经印了二百万份，停机，损失多大啊！心想走吧，这碗饭吃不了。我崇拜技术，还是去干点儿跟政治没关系的技术活儿吧。1969 年我到工厂车间，修电器，干得很轻松，一干就是八年。

粉碎“四人帮”以后，1977 年我找到迟浩田，申请回到摄影组。迟浩田很痛快地答应了，立刻在我的申请报告上批了“同意”，转给郭渭，郭渭转给工厂执行。我又回到了摄影记者岗位。

拍摄香港回归

回顾摄影记者的生涯，最累也最幸福的是香港回归的拍摄。

那是 1997 年 6 月 15 日，副总编辑张虎生带队，报社二十多人赴香港，报道 7 月 1 日的回归仪式。在香港，我们人生地不熟，不会说广东话，每人发一张 100 元交通卡，没几天就用完了。打车，出租车只在专门地方停，常打不到；坐公交，不知交多少钱，没卖票的，也听不懂别人说什么，上车就一个劲儿地往里塞硬币。

为了 7 月 1 日的仪式，我们从 3 月份就做准备，买数码相机、电脑。那时拍完照片看不见，进入电脑解码以后才能看见，我心里没底，只好备了彩卷，又带数码相机。我们还运过去一台彩卷冲洗机，立足于自己冲洗，民航免费托运香港，药水也带着，后来没用上。因为我们住的宾馆楼下有冲洗店，我们包了该店的暗房一个晚上。

6月30日下午1点多，我们在机场等待江泽民、李鹏的专机。安检后不放行，大家抢位置，我带着梯子，不知支在哪儿，就往中间跑。电视台比我们早到，地上铺着红地毯呈丁字形，我把梯子支在地毯交叉位置，见中央电视台新闻主播李瑞英跑来跑去，知道位置定得八九不离十了。谁想到4点钟下雨了，欢迎队伍被淋成了落汤鸡，很快撤走了。我们没带伞，又不敢走，抢着位置不容易，我在阵地在。我带的梯子是苏联制造的，又大又高，大概有一米八九的样子。有个香港记者个子不高，跟我商量："您梯子结实，我站您下边，行吗？"我同意了，他有伞，凑合着挡了一下，但是我身穿的黄背心全湿了。

5点多雨停了，飞机来了，两架波音747，5点19分落地，江泽民走到舷梯一半，李鹏专机的舱门才打开，我拍了一张，7月1日在《人民日报》四版登出。谁知道我为拍这一张照片后面的辛苦啊！

7月1日《人民日报》一版上的照片，是许涿拍的。许涿在会场后面，离主席台100多米，我们从佳能香港公司租借了600mm长焦镜头，机位设于正中，画面内容多，端正，人物全。

我那天很荣幸，拿到了前场记者证。那天只有九张记者证，英国三张、中国香港三张、中国大陆三张，大陆的三张中《人民日报》一张，新华社两张。我距主席台七八米，但限制位置，主席台前搭了三个台子，正中、左、右各一，正中间新华社记者上去了。我被安排在旁边台子。台子1.5米见方，站三个人，不许下来。保安站在旁边看着。我在左角上，盘算着必要的时候还要下去拍。我准备了两个空的胶卷盒，仪式开始后，我悄悄踢下去了一个，想如果有好的机会，我就借口跳下去捡胶卷，抓拍几张。

交接仪式中，中英双方领导人向前台走去，江泽民和查尔斯握手。我立即跳下台去站正中间位置连拍两张，这是世界上绝无仅有的照片，

1988年2月，东北师范学院毕业的大庆师专教师关某正在推销《海南开发报》，一直卖到深夜（孟仁泉 摄）

照片人较全，表情丰富。我也很满意，后来还获了奖。

一晃在报社工作了三十多年，1983年到1985年，我脱产到中国人民大学摄影专业学习两年，后来当了十年《人民日报》采访中央新闻常备记者，连续参加了十年的全国“两会”报道。我小时候种田，后来扛枪，学电出身，最终干摄影，是《人民日报》培育了我。对报社满怀深情，很怀念摄影组的吕相友，很想念在摄影组团结紧张的日子。

·8· 人民日报 1956年7月30日 星期一

在北京动物园里

1956 年 7 月 30 日，《人民日报》第 8 版

许　林

当两栖记者　做放心编辑

◎许林　口述，田玉香　方红　编辑

喜欢绘画的童年

1945年11月，我出生在承德，1948年2月，全家从承德迁居北平。

父亲许子祯曾是小商贩。他到北京后，在红桥摆布摊做估衣生意。后来开了一个小人书铺，还有一个克朗棋盘，前后经营了两三年（1950—1952）。1952年夏秋之际，父亲和两个朋友开了一间挂面铺，起名为“裕记挂面庄”。那年电话局在我家装了一个公用电话，附近街道街坊邻居的电话就由我家传呼。我懂事后常为街坊们传呼电话，记得附近住着评剧艺术家马泰、曲艺家马增蕙等。传呼电话有一点儿报酬，都补贴家用了。

1958年我小学毕业，进了天坛东门旁边新建的北京109中学。这时我家有九口人，一个姐姐、两个妹妹和三个弟弟，全靠父亲轧挂面维持生计，家境清寒。我在寒暑假当报童，每天从花市邮局取报纸，卖过《人民日报》《北京日报》《北京晚报》等，还去大红门木材厂劈柴挣点儿零用钱。

中学期间，我与两个同班同学报名参加了设在水道子的崇文区（今北京市东城区）文化馆美术班，学过素描。很可能是这次报名决定了我一生的道路。

从工艺美校进报社

1961年中学毕业前夕，北京市工艺美术学校招生，得幸运之神关照，我被录取，分到工商美术（装潢美术）专业，学制四年，免学费管吃管住还有助学金，缓解了家庭经济的拮据。

美校四年，除了学好必修课程外，我经常带上速写本画速写，练习捕捉造型的能力。那时凭美校的学生证可以免费进入故宫观摩，我就常去那里的绘画馆和珍宝馆，欣赏古典艺术珍品。还到美术馆看各种画展、现代设计展。这是我潜移默化的升华期。

1965 年夏天我从美校毕业，和同学卢传友、王景仁被分配到《人民日报》工作。后来，老记者许仲英告诉我，是他代表《人民日报》到学校选中了我们。

我来到文艺部美术组做美术编辑工作，设计刊头、画插图、编美术画刊。华君武是文艺部副主任兼美术组组长。卢传友、王景仁到总编室图片组，组长是吕相友。

四个月后，吕相友把我调到总编室图片组，为夜班版面搞美术设计，有时帮着接收新华社图片。

我设计的社论刊头用了四十一年

《人民日报》版面也要适应新局面，夜班编辑要我设计了报眼的“毛主席语录”框，一版和其他版面的大标题设计也要加重革命色彩，还要我重新设计“社论”刊头。

1966 年 7 月 1 日见报的“社论”刊头是我设计的。

为设计这个刊头我下了很大功夫。想到北京是革命的中心，天安门当然是中心的中心，天安门能代表党中央发出的声音，党中央机关报的“社论”就是党中央的声音。我在构思时，决定以天安门为主轴。当时无论宣传上还是自己的思想上，都铁定认为毛泽东思想是不落的红太阳，所以“红太阳放光芒”就成了构思的第二主轴。为了突出红太阳在天安门冉冉升起，我把光芒线画得比较细，从太阳中心放射，呈对称状增强力感。为了强化稳定感，我在四周设计了粗壮的灰色线框。矩形粗方框的外四角设计成圆角，内角为直角，使矩形框有点儿变化，暗含内刚外柔、刚柔相济之意。

许林设计的社论图标

为了确保天安门形象比例的准确，我用半透明的硫酸纸把画册上的天安门图片用铅笔拷贝到画稿上，然后用线描绘。天安门底部稍微凸出一点儿，是为了突破矩形的框框而引人注目。“社论”二字，我设计成扁宋变形字体，手绘而成，显得庄严厚重有力。

原稿为 6 寸照片大小，拿到制版车间制作，编辑们看后很满意，7 月 1 日就见报了。

大概是 8 月中下旬的一天，早在 5 月 31 日随着进驻报社的中央工作组来到报社、不久被任命为代总编辑的唐平铸把我叫到他的办公室，说，现在红卫兵闯进报社围着报社不走，质问为什么新刊头的天安门城楼上没有毛主席像？说是要揪出反对毛主席的“现行反革命分子”。

突如其来的情况把我吓了一跳。想了一想，我说：见报刊头那样小，连城楼两侧的两条标语都只留位置空框，如果框里有字，能看见吗？

唐平铸说：那你可不可以也设计一个毛主席像的框框在城楼中央？

我说：恐怕不行。因为即使我设计了毛主席像的框框，框框里面也还是没有毛主席像啊！毛主席像在相框里面没有了，那不罪过更大啦？

接着，我建议说："老唐（那时我们按照《人民日报》的传统，对领导不称职务，对总编辑也不例外），您向红卫兵解释一下，就说，我们同你们一样热爱毛主席，忠于毛主席。我们这样设计，正是出于对毛主席非常尊重的考虑，如果设计了毛主席像的框框，可印刷见报的画面太小，相框里又没有毛主席像，那不是对毛主席的不敬吗？"

唐平铸觉得我说得有道理，走出办公室会见红卫兵，大致这样一说。红卫兵听了，觉得是那么回事，于是不揪"反革命"了，呼啦一下都走了。报社和我都躲过一劫。

这个"社论"刊头从1966年起，一直用到2007年底，在《人民日报》上使用了四十一年。

练移动拍摄基本功

1966年8月，吕相友发给我一台苏联卓尔基135型照相机，说：小许，你也出去拍照片吧！我手头保留最早的照片，是1966年8月13日拍摄的群众游行。

1966年8月23日下午，我拍摄了《东安市场改名为东风市场》的新闻照片，刊登在第二天的《人民日报》上。这是我见报的第一张新闻照片。现在想来，这是对"文革"进程的一次记录。

1966年11月26日，毛泽东第八次、也是他最后一次检阅红卫兵。那天，我拍了两张"毛主席最后一次检阅红卫兵"的照片。为拍这两张照片，我准备了一个多月。

从1966年8月18日毛泽东第一次检阅红卫兵起，我的工作主要是"内勤"——做图片编辑。那时我心中充满对领袖的崇拜，看到记者们拍摄的毛泽东照片，心里很羡慕，觉得他们是世界上最幸福的人。

吕相友早就看出了我的心思。9月底的一天，相友（当时我们都这样称呼老吕）对我说：“小许，你做好准备，以后也要参加采访拍摄毛主席接见红卫兵的活动。”听到这个消息，我心里激动得很，即请教蒋铎老师（我对他十分尊重，习惯这样称呼他。他是我当图片编辑、搞摄影采访的良师益友）。他说，以后的接见可能改成乘敞篷汽车检阅，我们应当研究、练习追随拍摄法。

当时相友又发给我一台老式的禄莱相机，是照 120 底片的德国造双镜头反光相机。从 9 月底至 10 月中旬，蒋铎带我到长安街模拟拍摄。端着相机练横向追随拍摄近半个月之久，我心里有了一些底气。

第一次拍照是在 11 月 11 日，分配给我的位置在中国革命博物馆北侧偏东。下午 2 点 45 分，随着“毛主席万岁”口号声频率的加快和提高，我看到一辆敞篷北京吉普由西向东开了过来，毛泽东站在车上正在向我们挥手。

在这么近的距离看到他，我觉得我就是世界上最幸福的人了！由于

1966 年 11 月，北京化工学院红卫兵组成的“红后代长征队”，要从北京徒步到延安，他们高举队旗从天安门广场出发（许林 摄）

太激动，竟然完全忘记了拍照。过了片刻才想到手里还有相机，赶紧端起来按动快门，结果用光和时机把握都不理想。第一次拍照失败了，我心里非常懊恼。

11 月 26 日是我第二次拍照，位置在劳动人民文化宫门前。我吸取了上次的教训，尽量稳定情绪。2 点 30 分，毛泽东乘坐敞篷汽车从文化宫中缓缓出来。我早已调好距离，等到汽车将要向西拐弯时，毛泽东忽然挥手向四周的红卫兵致意。我立即按下快门，然后迅速向西跑，跑到天安门偏西位置停下，转身又拍了一张。这张照片是以历史博物馆做背景，还有高高飘起的五星红旗，我心想这是一个不错的镜头。

冲出胶卷洗出照片一看，第一张更好些。毛泽东站在敞篷车里挥手的画面比较生动，这张照片发表在 11 月 27 日《人民日报》第六版头条通栏。发表当天，新华社派人借走了底片，向全国发了通稿。28 日，我在天安门前拍的另一张有国旗的照片在《人民日报》一版头条以半版篇幅发表。

那段时间我的拍摄热情很高，还拍摄了《红卫兵长征队》等照片。

筹备《人民日报》彩色报纸

1972 年 11 月 2 日，报社向中央上报《关于出版彩色〈人民日报〉的请示报告》，筹备出版彩色报纸。

1973 年 11 月底到 12 月初，夏景凡受报社彩报筹备领导成员安文一之托，多次到摄影组谈筹印彩色报纸。老夏找我协助他，我们先后到新华社、《解放军画报》社等单位，洽谈准备在 1974 年元旦刊登毛泽东大幅彩色标准像，挑选照片稿。

为了彩报试刊，我到北京内燃机总厂拍了一张工人学习毛主席著作的彩色照片。当时我们自己的彩色制版设备和工序没有完全准备好，我

1979 年 10 月 1 日，《丝路花雨》在人民大会堂首演（许林 摄）

俩多次到北京新华印刷厂洽谈，请求帮助我们制版。

1973 年 12 月 26 日是毛泽东八十岁诞辰，即选择这天印彩报作为试刊。另外选用的彩色照片是：一版的《韶山大队党支部书记毛迪秋教育青年民兵继承革命传统》，另一张在二版，是我拍的《北京内燃机总厂柴油机车间工人在学习毛主席著作》，版面由各版编辑编排。

1974 年 1 月 1 日，《人民日报》正式出版了第一张彩色报纸，是我国正式出版的第一张彩色报纸。

编《新闻战线》　当两栖记者

我在《人民日报》工作四十多年，为《人民日报》本报工作十八年，在《新闻战线》杂志干了二十二年半。

1983 年 3 月，《新闻战线》主编章南舍派陆宏德到摄影组找我，说杂志需要美术编辑，邀请我过去。我去了，一干就是二十二年多。

做杂志编辑与在摄影组当图片编辑和摄影记者有明显不同。首先是业务主攻方向发生了变化，从采访编辑实践为主，过渡到学习新闻业务理论以指导编辑实践为主。这一来，摄影采访态度和方式都变化了。实践告诉我，一个摄影记者，只有永远保持一颗童心，深入生活，具备一双孩子般对生活感兴趣的眼睛，才能在司空见惯的事物中发现有价值的新闻瞬间。

1988 年，我拍了照片《1988 抢购风潮》。

那年中国进行价格改革，经济形势严峻。9 月中上旬，我应邀到武钢去评选照片。10 日早晨 6 点，我和蒋铎上街去，走不多远，发现一个大门外聚拢了一群人。一交谈，得知这些人一大早来到这里排队是为了抢购黄金首饰。

有戏！商店开门前三个小时就有这么多人围拢来，开门卖起来可要有的看了。我和蒋铎都预感到这里将有新闻，原定上午与武钢新闻摄影爱好者的座谈，因为这里的新闻线索而改变了。

9 点整，我们几个人来到青山友谊商店时已是人潮如涌。商店怕把柜台挤坏，就到后院里卖。我们来到后院小门，门锁着。隔窗望去，小小的院子里有四五个售货员背对我们忙活着。她们前面是用桌子搭成的临时柜台，台面上摆放着许多金光闪闪的项链、戒指。再往前大约1米，是一道十分坚固的铁栅栏，铁栅栏外面是面对着我们的抢购人群。

一时找不到钥匙，幸好锁门的链条较长，《中国记者》的周凤桥、《冶金报》的王援朝身材苗条一些，从拉开的门缝侧身钻了进去。我胖一点儿，费了九牛二虎之力，连推带拉地总算挤了进去。蒋铎比我还胖，只能望洋兴叹，独自到院外去拍摄。当然他也有错开角度的意思，不然大家拍出的画面就雷同了。

进到小院里，我并没有马上拍摄，而是站着观察、思索了一二分钟，随后将手中的尼康FM-2相机换上20毫米广角，感觉用这个镜头靠近拍摄可能会出效果。然后又变换角度观察、选择，在十几平方米的院落空间里来回走动了三四次，最后确定了偏右一点儿的位置。我端起相机对着取景框瞄了瞄，又觉得高度欠佳，赶紧从角落里找来一把椅子，站上去端着相机仔细观察、思索、判断，选择每一个有趣的、瞬间形象信息较强的情节作为切入点，抓取一个又一个买卖双方有交流、有动作、有表情的细节和场景。

突然间，一个年轻人从铁栅栏外面伸进手臂，手中递过一大摞十元一张的钱，大约有七八千元之多，全部买金项链，我跟前的售货员站起身来用右手去接。我注意到，这时台面上的金项链刚好都露出来，并且与售货员的两臂、头，年轻人的钱、手、头构成一条充满画面的对角大斜线，就在售货员欲接还未接到的刹那，我按下了快门。那个从人群中挤过来并且侧着身子的年轻人，那伸进来的手臂，那一大摞人民币，那连挑选的可能都没有的一条条金项链，那些死盯着金项链的想着抢到手就是爷的熙熙攘攘的人们，那道坚固的铁栅栏，那个攀上铁栅栏的青年，还有那位起身正在接钱的售货员……都被我定格在同一个画面中，成为中国1988年抢购风潮历史中的典型瞬间之一。

这张照片在拍摄当年并没有机会见报，直到1989年3月2日，在《人民日报》旗下《市场报》谈物价等问题的一组探讨性文章中才配合发表，当月入选全国第八届优秀新闻摄影作品展览，获得“希望之光全国摄影大奖赛”新闻作品三等奖，接着在当年的“改革路上全国摄影大奖赛”中获得“社会新闻类”大奖。

1998年，媒体宣传改革开放二十年的成就。我想起了《1988抢购风潮》还没登上《人民日报》，心有不甘，于是在星期天来到素有“京城黄金第一家”之称的北京菜市口百货商场，拍了一张两个青年人在柜台前精心挑选金项链的照片。照片上的两个人是不慌不忙、一节一节地验看，而且挑到了第三条。此种心态与十年前武汉出现的抢购金项链那一幕，真是不可同日而语。

我把新拍的照片与《1988抢购风潮》组合成《同是买金饰 今昔大不同》组照，发表在1998年12月21日《人民日报》上。当天编前会上，这组照片受到好评，有评论说“形象地反映了金融稳定的主题，作者有新闻敏感性”。

参与摄影学术活动的感悟

到《新闻战线》后，我先后加入了中国新闻摄影学会、中国摄影家协会等多个摄影家团体，退休后被聘为视觉中国集团CFP图片库高级编审，被推选为中国摄影家协会理论委员会委员、新闻纪实摄影委员会委员，2012年还被聘为中国国际新闻摄影比赛（华赛）数字照片专家鉴定委员会副主任委员。

2002年9月，我的学术专著《读图时代的新闻摄影论说》出版，

《同是买金饰 今昔大不同》（许林 摄）

获中国摄影出版社优秀图书。

我总有不够格的危机感。由于年少时读书少，文化底蕴不足，做《人民日报》编辑记者以后，我常感觉与读者的需求尚有相当距离，心里总有一种不够格的危机感。“诚惶诚恐，战战兢兢，如临深渊，如履薄冰”成了我工作状态下经常想到的十六个字。

我觉得，作为新闻人，学习是化解危机的唯一出路。保持时时学习、随时学习、挤时间学习的习惯十分重要。书籍、报纸、杂志、电视新闻、网络新闻、图片新闻、同行同事间口耳传播的新闻，都是新闻来源。注意使用各种媒体获取每天的新闻，是作为新闻人的基本要求，也是化解自身危机感的唯一出路。

拍照片，写文章，是否有益于促进社会进步？是否有益于人民大众？是我们记者编辑应该经常想到的。站得高，才能看得远，要有大局意识。我觉得《人民日报》记者编辑报道的新闻、提出的问题，应该引人入胜，让人思考，能引起广泛重视。真实、客观、公正，是新闻人的起点，也是新闻人的终点，是新闻报道的最高境界。我把“真实、客观、公正”这六个字看得比生命还重要，当作自己的座右铭，一生一世追求它，实践它，捍卫它。

·8· 人民日报 1957年6月2日 星期日

簡朴的花园 勤儉的撫育

訪北京私立职業妇女第一幼兒园

1957 年 6 月 2 日，《人民日报》第八版

许 涿

我在《人民日报》（海外版）摄影组

◎许涿　口述，张海萍　整理

我父亲原本是一个银行普通职员，在河北省涿县（今涿州市）工作，1947年8月29日我出生在那里。后来父亲调到天津，全家随着搬到那里。1960年至1963年，我在天津第十六中学学习，1963年考入中央美术学院附中学习美术，1973年分配到中国美术馆研究部的摄影组，主要工作是拍绘画作品，在暗房洗照片，存留资料。时间长了我觉得每天只是拍人家的画没有创作的成就感，就考虑找机会换个工作。

来到《人民日报》（海外版）

1985年7月1日，《人民日报》（海外版）创刊，设美术画刊版，需要既熟悉美术，又能拍摄新闻照片、翻拍美术作品的人。我有一位同学认识负责画刊版的朱育莲，就向他推荐我。我带着摄影作品和简历到报社见了朱育莲，他表示满意。几经手续，我就调到了《人民日报》（海外版）。

一开始，我没有专门搞摄影，专做画刊编辑。徐建中是海外版的摄影记者，负责摄影采访和编辑摄影画刊。后来徐建中调到国内版摄影组，海外版的美术、摄影合到一起，成为总编室下的美术摄影组，由我把摄影和美术编辑的事务都做起来。我和国内版专职摄影记者有区别，他们是专职摄影师，我这里是一个星期美术版，一个星期摄影版，海外版有什么摄影方面的事都找我。不一定是什么重大采访，就是为了版面需要，采访一个人物或者什么事情，跟着文字记者去拍照，版面上画刊头这类事我也要管。同时还有额外工作，比如每年都做的贺年卡、挂历，还要帮着办各种展览、出纪念册。海外版成立十周年、二十周年出的纪念画册，也都是我参加编辑、设计、制作的。

1988 年，《人民日报》创刊四十周年，报社筹办了多项纪念活动。在 5 号楼办了个社史展，出了纪念册，我参与了筹办。另外杂事也多，有个合影、运动会、海外版组织什么活动、领导接待外宾等都让我去拍照，工作量很大。常常是白天干不完，晚上还要在办公室加班。

神圣的香港回归交接仪式

1997 年香港回归，是我摄影生涯中的重大采访。

当时海外版派我和李石营两位摄影记者去，前后近一个月。

重头戏是 1997 年 7 月 1 日的交接仪式，我和孟仁泉被安排作为此场活动的摄影记者。我感到既光荣又责任重大，必须尽力做好事先的各项准备工作。为了熟悉场地，老孟凭一张进入会展中心的参观证先进入交接仪式会场，进行了仔细的实地考察（当时我被分配在后场拍全景，老孟在前场主席台左侧拍近景），回来后马上与我交流研究拍摄方案。

在后场拍五星红旗升起这一历史性镜头是我的任务。除了拍全景外，还要拍一些人物的特写，这就需要准备一个 600 毫米的长镜头，可是手头没有。我们了解到佳能公司香港办事处为此次采访设有租借摄影器材的服务项目。6 月 29 日早上 7 点，老孟、李石营和我三人顾不上吃早饭，就赶往佳能公司办事处去借镜头。办事处 10 点上班，我们排在第二位。当得知此办事处只有一只 600 毫米镜头可以外借时，心中直打鼓，生怕别人先一步借走了。我们急忙询问排在第一位的美国记者，他借什么镜头。当得知他不借 600 毫米头时，我们大大地松了一口气。后来了解到，按规定租借的镜头必须当日归还，所以当天没有借。

第二天，我和李石营再去排队。这回我们6点钟就去了，排在第一位，心里踏实多了。四个小时后，我们扛着沉重的镜头返回了驻地。为了熟悉镜头，我在驻地楼顶反复地进行对焦、取景练习。为了拍好交接仪式，我准备了两台佳能相机机身（同装800度的富士彩色负片），三只镜头（28－105毫米、80－200毫米、600毫米），两个三脚架。

下午，我对交接仪式的每一项步骤进行了认真的研究，算好每一步拍几张，保证在最关键的时刻不需要换胶卷（以免占用时间，错过重要镜头）。这一天所做的一切都是为了晚上那神圣的一刻。

到了晚上，我们提前四至五小时进入会场。后方用木板为摄影记者搭了几层摄影台，我急忙站到了偏向中间的位置（正中已经有人占了）。我将两台相机架在三脚架上，对着主席台反复地取景、变焦和测光。

神圣时刻到了，我按预想的每一步按着快门。但这时发现架在三脚架上的相机抖动，原来是下面的木板不稳。于是我干脆把80－200毫米的那台相机从三脚架上摘下来，用手端着拍（主席台被灯光打得很亮，快门可以用1/100秒）。7月1日0时，我拍下了最激动人心的瞬间——五星红旗升到了旗杆的顶端，拍摄下了香港新纪元的第一个镜头。这张五星红旗在香港土地上第一次高高飘扬的彩色照片在7月1日《人民日报》一版最突出的位置，以四栏的篇幅刊出。

为“名人书斋”拍照

2003年，海外版新增一块“图书”版，其中有个栏目叫作“名人书斋”，内容是每周刊登一张名人在自家书房中的照片，配一篇文章。这个创意是时任副总编辑刘国昌提出的，责任编辑是潘衍习。每次潘衍习与一位名人联系好之后，我俩一块儿去名人家中，他写文章，我拍照。

这是个很好的摄影采访机会，几年间我拍了很多名人，张岱年、爱泼斯坦、王朝闻、丁聪、徐肖冰、项堃、梅葆玖、王晓棠、谢芳等。

在拍照的过程中，也有挺难的时候。所拍的名人多数年龄已高，拍摄时间不能太长，也不能过于摆布。同样是书房但是布置和空间大小不一，面对不同的空间，要拍出变化来，还要突出书房的主题。千篇一律也不行，你不能只拍人家坐在沙发上、桌子前看书，也不能光拍书架子，得有人、有景，景中要有书，角度要有所不同。我在拍照中一般都要现场发挥，大都根据房间的具体情况，让拍摄对象选好位置，尽量不干预他，让他自己活动，或者潘衍习跟他交谈时我再抓拍，尽量让画面有变化。拍摄对象的职业不同，拍照时也要尽量体现出来，比如歌唱家、演奏家、戏曲家、画家……每次拍完回来后，我会打印几张照片，刻个光盘，连同刊登他文图的报纸寄给人家。也许之后我与他们再不会见面，只是每年年底有一个书信来往，给他们寄去海外版的贺卡和挂历。但人家有的打电话，有的也寄贺卡、挂历给我。这些名人很忙，交际广泛，还专门给我寄贺卡、挂历，让我十分感动。

这个栏目当时很有影响，好多人都注意看，网上搜搜还有不少我拍摄的名人照片。年底发行处向各部门统计赠送有关人的报纸名单，我就将一部分采访过的名人地址登记上，这样来年会给他家寄一年的海外版报纸。老电影表演艺术家项堃先生，有一年年底给我打电话，问下一年海外版还赠报吗？如果没有他就到邮局自费订阅，就是怕看不着了。他很喜欢《名人书斋》这个栏目，每周必读。

如同项先生一样，很多人通过这个栏目，对海外版增加了好感。因为这个栏目扩大了报纸的影响力，我也感到很欣慰。

我的副产品——生肖挂历

海外版每年出的挂历也是我很重要的一项工作，退休多年后至今，我还在继续做。自 1997 年至 2008 年已出满一轮，新一轮挂历出到马年（2014 年）也到第六本了。很多人把每年的生肖挂历留着甚至作为收藏品，一本不差地保存着，令我十分感动。

每年春节一过，我就开始筹备下一年的挂历了。尽管需要投入很多的时间、精力，但我喜欢民间艺术、历代文物精华，很喜欢做这件事，所以能做到今日。之所以能做好这件工作，并得到广泛好评，与有关单位、专家、作者等多方面的全力支持是分不开的。

多年来，我编了很多民间美术画刊，因此认识了很多各地的民间艺人，很多精品都是我专门邀请他们为挂历创作的，对保证挂历的艺术品位起到了很重要的作用。

大家喜欢我做的挂历，也许是因为它雅俗共赏。我觉得，太雅容易脱离大众的审美观，当然太俗气肯定也不行。各种原因都考虑到了，做出来的东西才能使专家喜欢，老百姓也喜欢。每年，我都对搜集到的资料反复比较，这本十二页的挂历不能很多页都是剪纸，应该是剪纸、木雕、泥人、青铜、玩具、刺绣、皮影都有顾及，并且在材质、造型、年代、品种上尽量做到有所考虑，有变化、丰富、耐看。

进入 21 世纪，《人民日报》社每个月有两个派往台湾驻点采访的记者名额，国内版一人，海外版一人。2002 年 6 月，我被海外版领导派去台湾驻点采访一个月。在驻台采访期间，正赶上台湾发生了空难，我参与了这一事件的祭悼活动报道。

我很珍惜这次难得的采访机会，尽量多拍些照片。在这一个月里，我拍摄最多的是民间的社会活动。每天自己找选题，一大早就赶出去，

2013 年 12 月 24 日，漫画家丁聪的书斋（许涿 摄）

拍当地的风土人情，比如端午节赛龙舟、公园晨练、热闹的夜市、博物馆等。摄影跟文字不一样，文字是事后也可说可写的，摄影必须在现场拍下那一瞬间，是要靠现场的真实画面说事儿。那时的数码相机还不行，虽然价格在十几万元，但是功能跟现在的没法比。画质稍差，操作复杂，回来以后得一张一张地下载、解压，很费工夫，有时夜里干着干着就睡着了。那时候已经有了网络，可以传照片。海外版的“港澳台”版用了不少我发回来的照片，回来后我也编了几块台湾专题的摄影画刊。

在《人民日报》社工作二十多年，通过与同事们的共同努力，我取得了一些成果，感谢报社各级领导对我的信任，给了我很多机会，使我参加了许多难得的采访，结识了许多优秀人物。在采访中我也被采访对象（特别是一些名人）、事件（如香港回归）等教育着和感动着，也使得自己的心灵得到净化。

如今我已经退休多年，但每每翻看我拍过的《名人书斋》剪报，编过的美术、摄影画刊的合订本，编辑、设计的十八年生肖挂历及二十四年生肖画刊……心中感到很欣慰，这么多年我没有虚度。

进北平后《人民日报》怎样印制新闻照片

◎李文辉　口述，方红　整理

1949 年春天，印刷厂随报社编辑部进入北平。

进城后，比起以农村为根据地的解放区，印刷厂的生产条件好多了。尽管这样，当时的印刷设备还比较简陋，原料器材十分短缺。

《人民日报》在北平出版后，报纸上的图片明显增加了，这给印刷厂带来了压力。因为印刷厂的照相制版设备简陋，器材不足。比如照相用的胶片，不但十分昂贵而且很难买到，无法保证印刷，我们只能用玻璃片加药膜这样落后的工艺制作玻璃底片。

制作玻璃底片工艺复杂，要在暗室里往玻璃上涂药膜，晾干备用。但是手工涂药膜很难保证药膜薄厚均匀，这会影响图片质量，所以印刷出来的图片有的比较清晰，有的就差一些。

我们做的玻璃底片是要反复使用的。玻璃底片在使用后，要用人工清洗药膜。玻璃易碎，药膜附着很牢，清洗时一边用水清洗一边用木炭打磨，不仅要清洗干净，玻璃上还不能出现划痕。工人师傅一年四季都用冷水清洗玻璃，在简陋的厂房里暖气都没有，更不用说热水了，所以每到冬季，作业条件是十分艰苦的。

在当时，一张图片要印刷到报纸上去，主要有三道工序。

第一道工序是照相。把报纸版面要用的新闻照片送到照制车间的照相室，使用照相制版机（一种专业照相机）翻拍原照片。这时要根据预定的报纸版面进行放大或缩小。

当时我们只有一台十分落后的大型照相机，安装在铁管制做的架子上。地面铺设两条轨道，依靠前推或后拉调整照片的尺寸。光源是用两根碳棒在对接时发出的瞬间强光，就像电焊枪喷火那样。我们自制的底片感光度低，曝光时间需要几分钟到十几分钟，很难控制曝光量，全凭师傅们丰富的经验，拍摄出好底片，保证《人民日报》的图片质量。

第二道工序是晒版。晒版相当于照片的印相，但不是把图像印在相纸上，而是通过感光把图像印到带感光药膜的铜或锌制的金属板上。

具体工艺是把照过相的底片和涂过药膜的铜版装在一个特制的暗盒里。暗盒一面密封，一面是透明玻璃，紧紧贴在一起，用碳精灯曝光，把底片的影像印到铜（锌）版上。此时的铜版只有平面图像，还需要进行局部腐蚀，像刻图章一样把不需要的部分处理掉，才算完成铜（锌）版的制作。

最后一道工序是腐蚀。腐蚀工序主要的生产工具是腐蚀机，那时的腐蚀机只是一个方形的陶瓷缸，缸内底部装有几个扇叶，通过电动机带动扇叶转动，把硫酸液不断地泼洒到铜（锌）版上。被涂上药膜要保护的那部分没有被腐蚀，而要弃用的铜表皮被慢慢腐蚀掉了。

为了保证在腐蚀过程中铜版侧面不受损失，要不断取出铜版涂撒红粉进行保护。一块版在腐蚀过程中不知要经历多少次开机停机，取出撒红粉，再放回继续腐蚀，直到腐蚀深度达到下一道压版工序的要求。操作腐蚀工序的师傅不仅劳动强度大，酸液溅出就有被烧伤的危险。

我们的腐蚀机只有一个推拉的玻璃盖，没有其他任何安全防护设备。因此发生过因为盛酸液的坛子破碎，酸液洒在车间里险些造成火灾的事故。还曾有一位维修电工的眼睛烧伤，成了青光眼。这是惨痛的代价。

20 世纪 50 年代后期，《人民日报》印厂与兄弟报社印厂共同研制了一种药液，放到酸液里起保护作用。有了这种新药液，就不用一次次涂撒红粉了，大大减轻了工人的劳动强度，烧伤概率也大大降低。这个新工艺被命名为“无粉腐蚀”。

在20世纪五六十年代，北京的七家报社劳动竞赛，《人民日报》的印刷质量尤其是图片印刷质量始终稳居榜首，这其中包含着印厂照制车间师傅们的辛勤劳动和默默奉献。

《人民日报·人民画刊》（1949—1955）图片报道的特点

白贵　连丽敏

摘要：文章以1949年至1955年《人民日报·人民画刊》专版为样本，采取抽样统计分析的方法，首次对该报迁入北平后画刊专版进行较为全面的统计，从形式和内容两个方面对《人民画刊》三百四十四个专版做了分析。在形式上，刊出时间集中在周末，版面集中分布于第五版，以摄影图片为主，版面格式由随意到逐渐统一，不断趋于完善；在内容上，来源信息逐渐明晰，内容分布随历史发展从政治向经济倾斜，区域分布由首都向全国各地扩散，以及照片的群体属性和正面报道倾向性。对该专版的研究反映出《人民日报》的中共中央机关报性质，同时体现出在迈向现代化和正规化进程中的不断探索。以此加深了对于中华人民共和国成立之初《人民日报》史的认识。

关键词：人民日报　人民画刊　特点

1946年5月15日，由毛泽东题写报名的《人民日报》在邯郸市创刊，当时该报为中共晋冀鲁豫中央局机关报。1948年6月15日，晋察冀解放区的《晋察冀日报》和晋冀鲁豫《人民日报》合并，在河北省平山县里庄创办了中共中央华北局机关报《人民日报》。

1949年2月2日，《人民日报》“北平版”在北平创刊，该报的编辑队伍，是华北《人民日报》派出的接收北平报业的先遣队人员，在办报方针上由中共北平市委领导，侧重于宣传、报道北平新闻。1949年3月15日，华北《人民日报》由河北迁入北平出版。1949年8月1日，《人民日报》正式升格为中共中央机关报。

一、《人民画刊》开设及介绍

1949年2月5日，《人民日报》“北平版”创设《人民画刊》专版，以“庆祝北平解放专号”作为第一号，以整版摄影图片展示了“人民解放军举行庄严的入城式”。截至3月13日，共出版《人民画刊》十一期（亦即出至第十一号）。此期间2月8号刊出的《人民画刊》第二号为介绍解放天津的内容，第三号到第七号为庆祝北平解放相关内容的报道，第八号和第九号为北平民主大会相关内容介绍，第十号内容为“全国学生第十四届代表大会揭幕”，3月13日刊出《人民画刊》第十一号为介绍解放军面貌的相关内容，同时登出“画刊启事”：“现因本报改版，画刊自下期起停止。”

后在3月27日，刊出题为“欢迎毛主席朱总司令及中共中央其他领袖抵平特刊”；7月27日，《人民画刊》刊出关于“中苏友好协会和中华全国文学艺术工作者代表大会”为主要内容的新闻图片，此二者皆无编号和期号，只有《人民画刊》字样。这是在过渡时期，特殊的两期《人民画刊》样式。

1949年8月1日，《人民日报》正式升格为中共中央机关报，因所查阅资料中未发现标有“第一期”和“第二期”字样的《人民画刊》专版，8月1日《人民画刊》以“第三期”开始延续出版至1955年6月12日《人民画刊》（第333期），总共三百三十一期（其间《人民画刊》以“期”编号，不同于前期的以“号”编号）。

至此，《人民画刊》以“号”为编号的有十一期，以“期”编号的有三百三十一期，没有编号的有两期，这样总共为三百四十四期。

中华人民共和国成立前后，《人民日报》的《人民画刊》专版，以新闻摄影图片为主体，附以简洁的文字说明，丰富了报道内容。

二、专栏项目统计与分析

本文选取1949年2月至1955年6月的样本数据，对《人民画刊》专版进行了分类分析和阐述。

（一）样本选择

选取1949年2月至1955年6月，共有三百四十四期，其中包括北平和平解放后创办的《人民日报》“北平版”共13个专版，以及8月1日以后继续出版的三百三十一个专版。1955年6月14日以后，图片专版上不再刊以《人民画刊》字样。

（二）统计项目制定

本文从形式和内容两大方面对《人民画刊》专版进行总结、归纳和论述。包括标题设置、刊出日期、版面、图片质量和性质、版面格式等，分析该专版在创设初期的特点；并从图片来源、主题内容、报道区域、个群属性和新闻倾向性等方面展开分析，总结在当时历史条件下新闻图片在新闻报道中的作用和倾向性。

1.《人民画刊》专版形式分析。

（1）日期和版面：《人民画刊》专版创设初期，出版日期和版面有所变动——1949年2月5日至3月13日期间，日期不固定，版面集中于第四版；8月1日至12月31日期间，集中于周日刊出，版面主要为第六版。1950年至1955年，集中分布于周末刊出，版面基本固定在第五版（一些特刊除外）（如图1所示）。

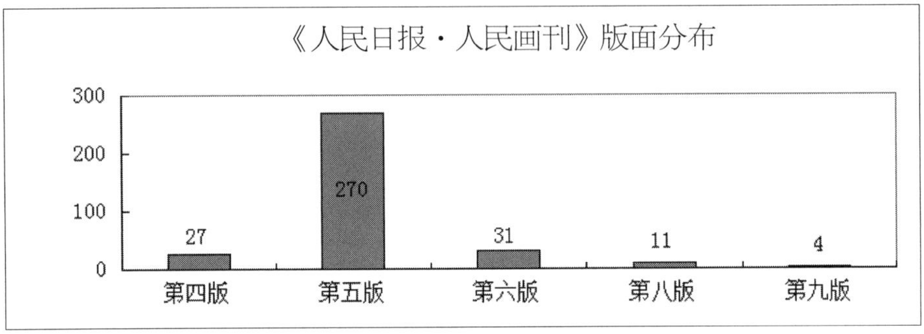

图 1

然而在时间的分布上依然没有固定下来，这跟当时技术设备的限制和具体历史事件发生的偶然性和突发性存在很大关系，如有重大活动（政协会议、世界和平会议、青年运动会等）和纪念日（五一劳动节、十一国庆节、重大历史事件、重要人物逝世周年等），图片专版常常在重大活动后一周内刊出。但通观年度统计可见，图片专版主要还是出现在周末，尤其集中在周日，说明作为新闻摄影专版的《人民画刊》常被视为周末刊。（如图 2 所示）

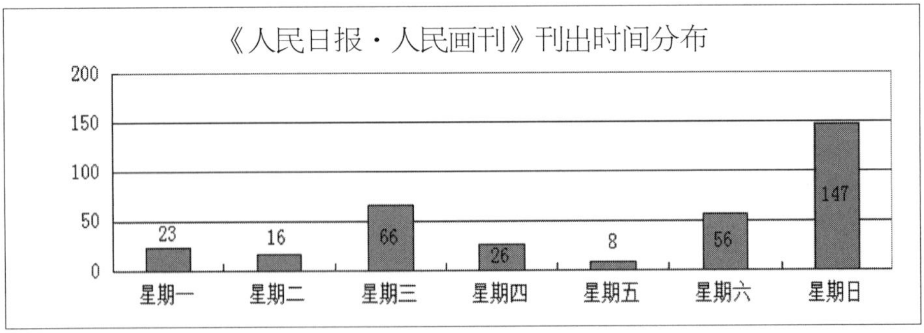

图 2

（2）专版格局和图片质量与属性：格局分布上，主要分为三栏（如图 3 所示）。

进行统计的三百四十四期图片专版中，绝大多数为摄影图片，有少数漫画和油画作品（比例如图 4 所示）。在三百四十四期专版中有八期没有标题。另外，前十一期以“第★★号”标明，从 1949 年 8 月 1 日开始，则以“第★★期”标明，其中第十四期之前以“期四十第”字样书写，即依照传统的竖排文字阅读习惯，由右向左阅读；从第十五期开始以“第十五期”字样书写，在个别标注中还有以数字标示的（如 1950 年 3 月 18 日的“43”）。由此可见，该专版在格式上不尽统一，在版面的位置也不完全固定。这可以视为《人民日报》在迈向现代化和正规化进程中的探索。

图 3

新闻图片是摄影与新闻结合的产物，是通过诉诸现场视觉形象以传递新闻信息的一种报道形式。1950 年 3 月 25 日，新闻摄影局正式挂牌成立，标志着新中国第一个负责全国新闻摄影领导机构的诞生。新闻摄影局负责对内对外发稿，并设有新闻摄影处、记者室、制作科、通联科、资料科。1952 年 4 月 1 日，新华社成立了新华社摄影部。在这个过程中，我国的新闻摄影技术取得了长足的发展。

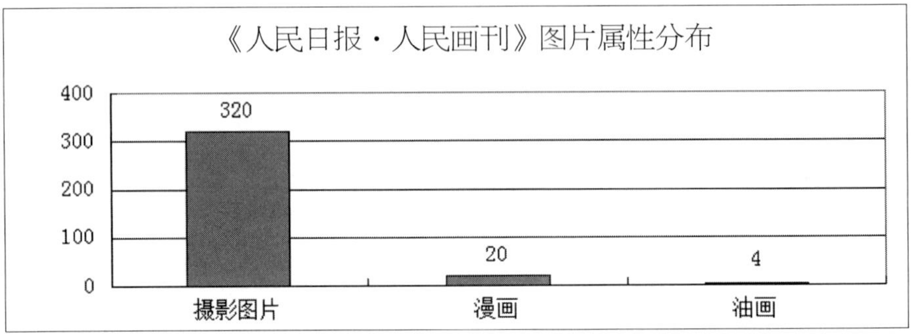

图 4

2.《人民画刊》专版内容分析。

（1）图片来源：包括新华社、中国人民志愿军摄影部（包括标明图片来源为“志愿军某部政治部”）、《解放军画报》社、新闻摄影局、全国妇女联合会、北京电影制片厂、《东北画报》社、《东北日报》社、《新闻周刊》杂志社、《四川日报》社、《解放日报》社、《山西日报》社、《西南画报》社、《长江日报》社、《每日电讯报》社、等国内媒体和机构，以及《太平洋论坛报》、朝鲜中央通讯社驻华总分社、《美国新闻与世界报》、《时代》杂志、匈牙利驻华大使馆等国外媒体和机构。为方便统计，笔者将其分为“未注明来源”“只标明摄影者”“本报摄影记者”“其他新闻机构”拍摄四大类。如图 5 所示，1949 年，该版图片来源主要为本报摄影记者所摄；从 1950 年开始，转用其他报社和新闻摄影局提供照片的比例逐渐增加，占大部分比例。这与上面提到的新闻摄影局和新华社摄影部的成立以及后期报道内容的多样性有很大关系。

从 1950 年开始，未标明来源和只标明摄影者的图片比例都在下降，说明对新闻图片的信息来源逐步走向完善。如图 6 所示，在所有样本中，图片来源出自其他机构所占比例为 44%，一方面说明新闻图片采集的多元化，另一方面也说明所反映的新闻内容更加广泛。

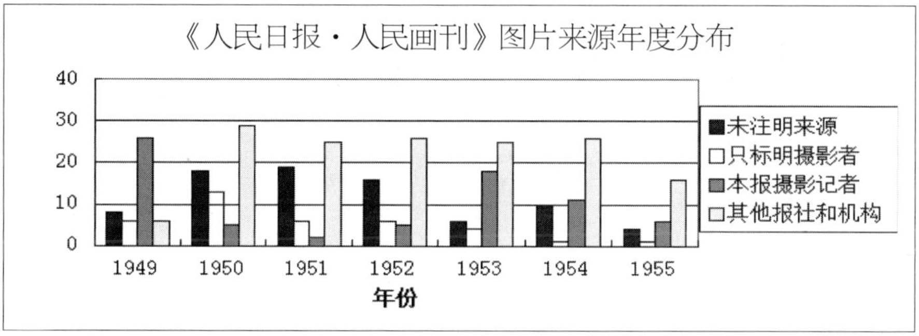

图 5

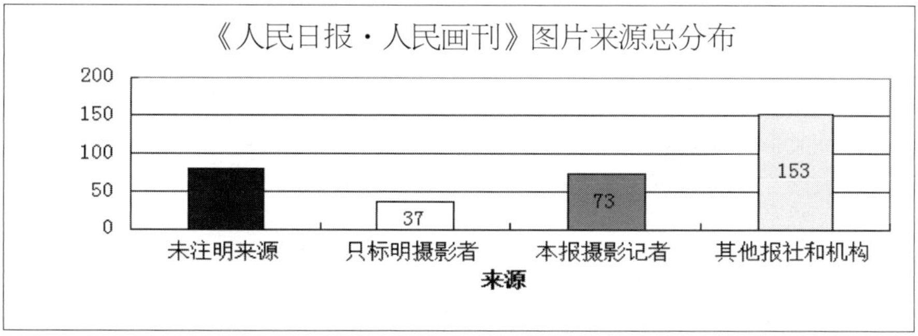

图 6

（2）主题和内容：依据 1949 年至 1955 年的历史背景，本文将样本分为政治、战争、经济和社会文化（社会、生活、文化活动等）四大类。如图 7 所示，以 1952 年为界，之前以政治和战争为主，之后以经济和文化为主，这也符合解放战争、抗美援朝和中华人民共和国成立后积极发展生产的历史情况。

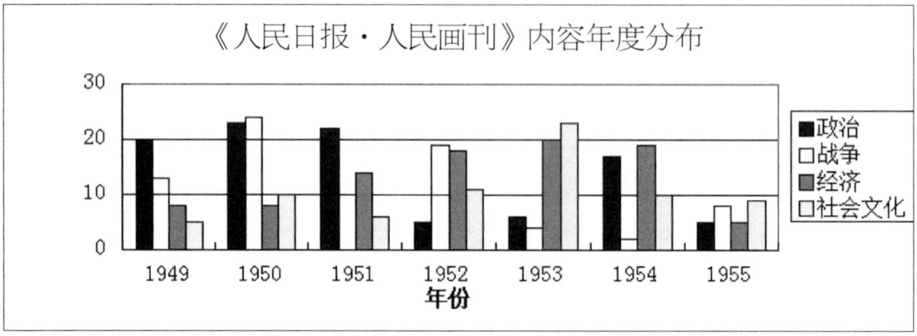

图 7

图 8 反映各领域的总体报道比例相差不多，政治内容最多，占第一位；经济报道处于第二位，体现当时作为中共中央机关报的《人民日报》的侧重点所在。

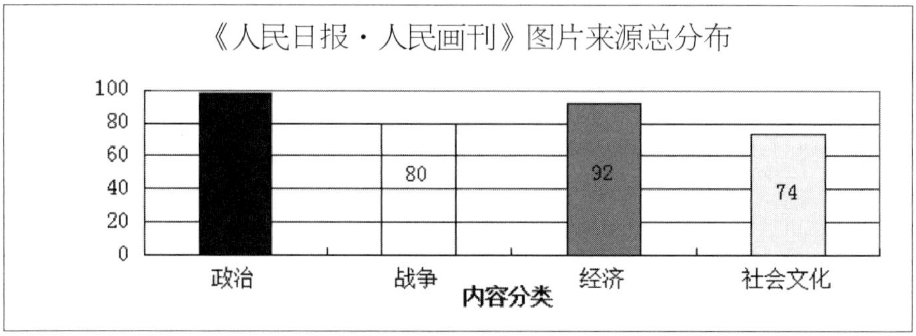

图 8

（3）区域：是指报道内容中所展示的地域划分。根据样本资料分为首都新闻、各省区市新闻和国际新闻，如图 9 所示，来自首都北京的新闻图片比例在逐渐下降，报道各省区市新闻的图片比重逐渐上升，关于国际报道的图片则相对恒稳。说明随着政权的巩固，来自全国各地的新闻图片增加，《人民日报》日益体现出全国性综合报纸的特征。

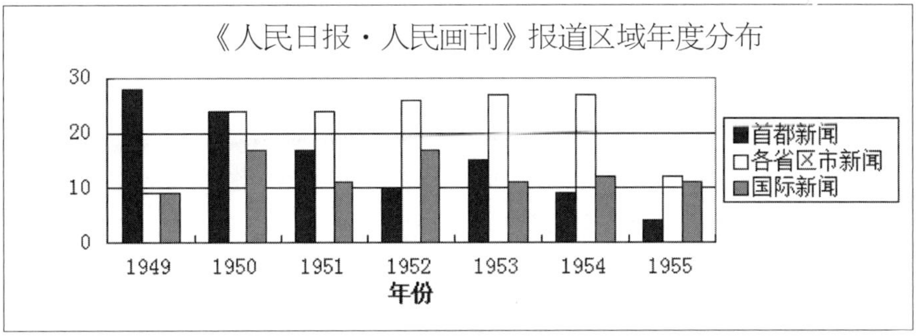

图 9

图 10 表明，比较各省区市的图片报道数量，北京新闻的图片报道量始终稳居第一位。对国际新闻的报道数量少于国内新闻，这是与《人民日报》的中共中央机关报性质紧密相连的。

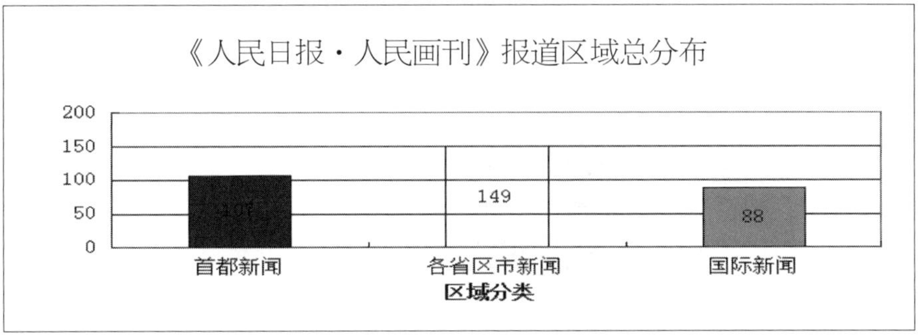

图 10

（4）个群分布和报道倾向：前者指新闻图片所反映的个体或群体形象，后者是区分正面报道或批评报道。如图 11 所示，图片中报道个体所占比例非常小，在《人民日报》上出现的个人新闻照片，主要为中国国家领袖、苏联领袖（列宁、斯大林），除此之外还有白求恩和屈原等，由此体现出中国不同于西方的群体价值观，集体主义价值观的突出体现。如图 12 所示，在内容倾向上，正面报道占据绝对高的比例，剩下的二十二篇是关于批判反革命运动、美日帝国主义等侵略战争的相关内容。

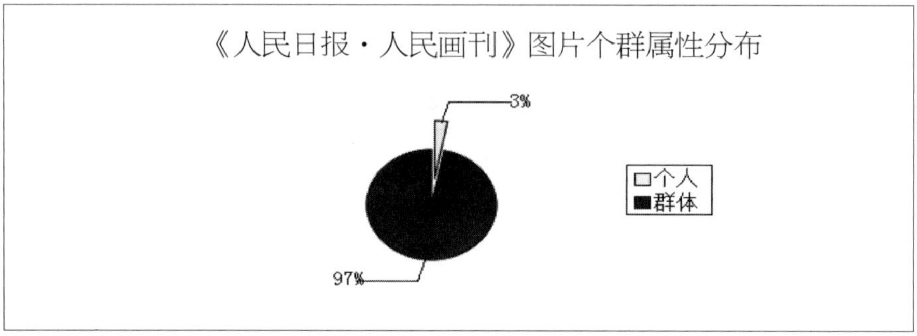

图 11

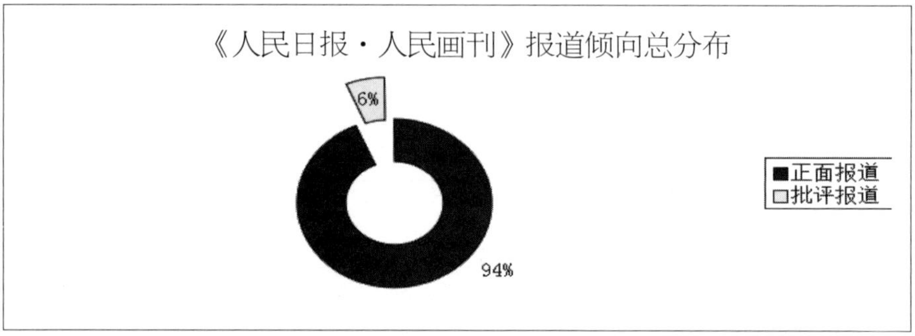

图 12

（三）归纳与总结

就笔者对搜集、整理的资料分析发现，《人民日报》1949 年入城后创设的《人民画刊》专版对当时的社会和新闻报道有着重要的意义，然而受时代和技术条件制约，在形式和内容上也存在着不足和问题。

1. 形式特点分析。

作为《人民日报》新开设的专版，以新闻摄影图片的形式，丰富了报道内容，增加了报纸的可观性。但是出版日期和版面没有稳固下来，具有很大的随意性，如图2所示，星期一到星期日都有分布，版面跨度有四、五、六、八和九版；在版面格局上，标题形式（有无、字体、格式、位置分布等）不固定；图片的呈现形式不统一（大小、布局、注释等）；部分图片来源没有标明。以上这些都体现出我国新闻摄影初期阶段的不成熟，但随着不断发展，日期版面呈现逐步统一的趋势，照片拍摄和印刷质量逐步提高，图片来源的相关信息日益明确和充实。

2. 内容特点分析。

《人民画刊》出版的时间跨度为1949年2月至1955年6月，这段时间里，经历了夺取解放战争胜利、创建新中国、新中国成立之初的国民经济恢复时期，抗美援朝战争以及随后开始并完成的第一个五年计划等重大事件。与此相应，《人民日报》的新闻图片也集中报道了上述内容。

在图片新闻报道区域的分布上，呈现由首都向全国各地辐射的趋势，对于国际的报道，在中华人民共和国成立初期呈现为“一边倒”的外交趋向，即完全支持苏联的国际政策，对苏联和社会主义阵营充满赞扬，对美国和日本等资本主义国家充满批判。在个体和群体属性的比例上，群体图片占绝大多数，个人报道对象主要是中苏两国领袖。

从以上各方面的分析得出，在特殊的历史背景和政治环境下，新闻摄影在内容的反映上比较单一，《人民日报》在典型人物报道版块大部分使用头像式新闻照片，这些头像式新闻照片的拍摄角度、照片大小基本一样，无法让读者获得容貌之外的更多信息。

从创刊初期的中共晋冀鲁豫中央局机关报，到1948年6月15日，在河北省平山县里庄创办了中共中央华北局机关报《人民日报》，再到1949年8月1日，《人民日报》正式成为中共中央机关报。报社编辑部地址从不太稳定到慢慢固定下来，从农村机关报升格为城市报和中共中央机关报，国内环境从战乱走向和平发展阶段，老百姓对新闻的关注和需求不断提升，加上报社对先进机器的引进利用和对新闻从业人员的培训，为《人民日报》及其《人民画刊》的不断发展完善起到积极推动作用。

作为中共中央机关报，《人民日报》发挥了巨大的舆论引导作用，起到了鼓舞人民建设热情、坚定保卫祖国的信念的积极作用，并通过新闻图片让读者看到世界的丰富多彩，这是积极的正面宣传作用。《人民日报》逐渐出现了一些高质量图片，选材角度独特、摄影的瞬间定格恰到好处。

三、结语

作为中共中央党委机关报的《人民日报》，始终把坚持正确舆论导向放在头等重要的地位，坚持“全心全意为人民服务”的宗旨和原则。《人民画刊》也体现出该报特有的政治性和人民性。在解放战争时期和抗美援朝时期，充分发挥了作为党和人民耳目喉舌的作用，积极、正面的报道鼓舞了民众的士气和革命热情，对战争的最后胜利有很大的积极影响；中华人民共和国成立初期，在国家建设和经济生产方面的大力宣传和报道，激发了全国各地的生产热情。然而处于特殊时期和阶段，该专版在形式和内容上，也存在着一些不足和问题。总之，《人民画刊》是我国党报历史上在新闻业务上的一大创举，促使我国纸媒不断发展完善，发挥更好的作用。

参考文献：

[1] 方汉奇，《中国新闻通史》第三卷，中国人民大学出版社，

1999年版

[2]方汉奇，《中国新闻传播史》，中国人民大学出版社，2002年版

[3]刘建光，《读图时代中国报纸新闻摄影的发展研究》，载《湖南师范大学学报》2006年9月

[4]刘源，《新闻摄影本质方法探析》，载《江苏社会科学》2003年3月

[5]陈东，《新闻摄影的侧面表达》，载《安庆师范学院学报》2011年5月

[6]凌燕，《人民日报》“北平版”和《北平解放报》，载《新闻战线》1999年3月

1958年上半年《人民日报》“光荣的劳动，光荣的人”专栏典型人物图片报道分析

黄玉洋　李倩

摘要：1958年是我国第二个五年计划的开局之年。本文以中共中央机关报《人民日报》“光荣的劳动，光荣的人”专栏为例，通过对1958年上半年的新闻图片报道的分析，探究当时该报摄影报道中值得关切之处，吸取历史的教益。

“光荣的劳动，光荣的人”专栏典型人物报道，主旨是传播新的以劳动为荣的新型价值观。在当时的“大跃进”热潮中，由于受到各种客观条件的制约和当时科技手段、政治环境等因素的制约，在采用新闻摄影手段报道典型人物方面存在许多值得推敲的问题，发人深思。对这一专栏进行分析，可以加深对那个时代的认识，同时也加深对党报进行社会典型人物报道的认识。

关键词：1958年（上）　人民日报　图片报道　“光荣的劳动，光荣的人”

一、“光荣的劳动，光荣的人”专栏图片报道量化分析

笔者选取《人民日报》1958年1月1日至1958年6月30日期间第三版“光荣的劳动，光荣的人”专栏作为研究主体，共确定相关新闻图片二十一幅，涉及二十九位典型人物的图片报道。笔者选取六个方面指标进行分析，即：职业分布、所属产业分布、行业分布、新闻来源、

报道人物所在地分布以及性别比例。

1. 职业指标的量化分析。

根据对二十一篇图片报道的分析，笔者提炼出车床工人、电气徒工、翻炒工、货车工人、机械技师、检验员、卷绕工、工程师、服务员、邮递员、售货员、纺织工、电工、铣工、炉前工、司机十六职业类别。

图 1 是二十九名报道人物的职业分布图，可见该专栏选择的报道人物职业种类分布较广。不难看出，报道人物多为技术型工人，对从事科学技术的人员报道较少。

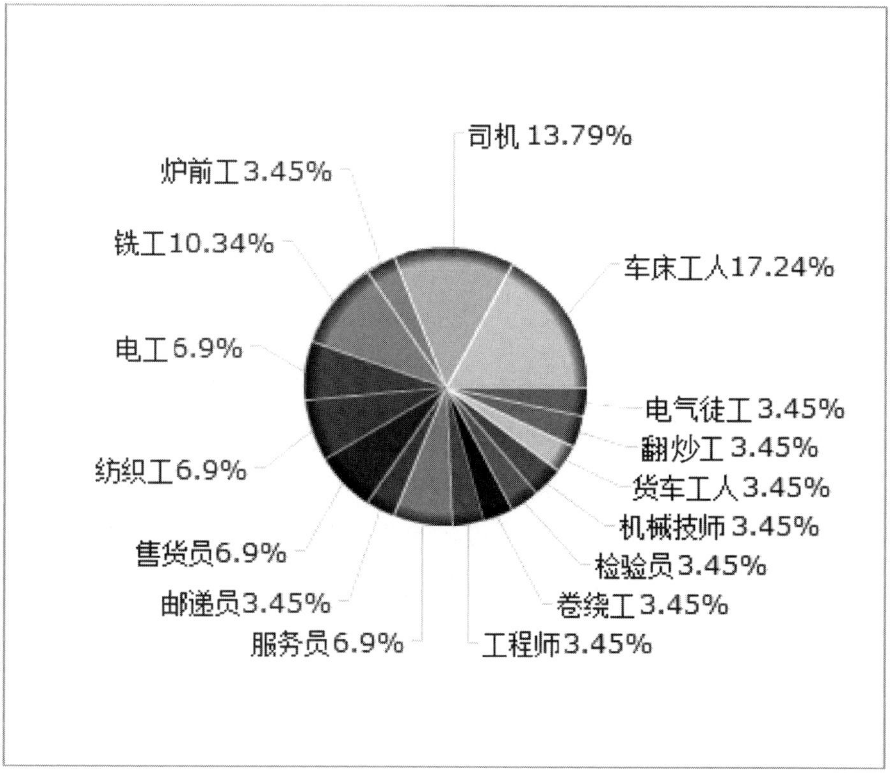

图 1 《人民日报》“光荣的劳动，光荣的人”专栏报道人物职业分布

2. 所属产业指标的量化分析。

本文以三大产业即农业、工业以及服务业划分为基础，总结报道人物从事职业的产业分布情况。

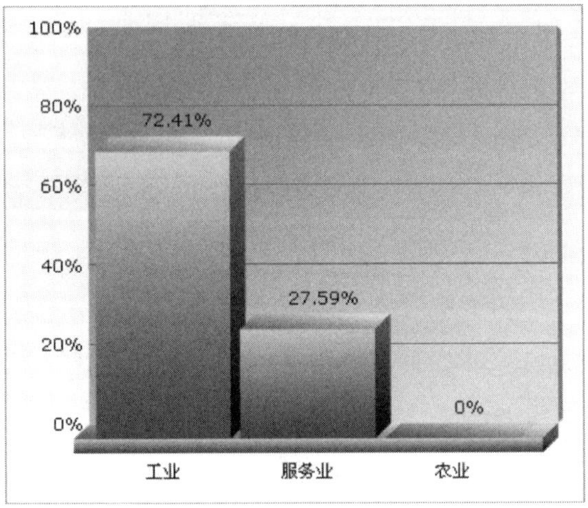

图 2 《人民日报》“光荣的劳动，光荣的人”专栏报道人物从事产业分布

如图 2 所示，所报道人物从事工业生产占比 72.41%，服务业占比为 27.59%，未出现从事农业生产的人物。由此反映出工业生产是中华人民共和国成立后我国重点发展的劳动生产领域，是国家倡导、人民重点投入的新领域，服务业还属于初步发展的阶段，相对应报道较少。

3. 行业指标的量化分析。

本文依据报道内容将工业具体划分成八个行业，分别为机械制造、采矿、电讯、纺织、金属冶炼、运输、汽修以及服务行业。其中，机械制造指从事各种动力机械、起重运输机械、化工机械、纺织机械、机床、工具、仪器、仪表及其他机械设备等生产的工业部门；供销社、百货商场、邮局、药店和饭馆同归于服务行业。

将产业分布细化到行业层面进行比较，我们可以得出图 3 数据：在报道人物中，机械制造行业从业者占 37.93%，服务行业从业者占 17.24%，从事于纺织、金属冶炼和运输行业的人均占比为 10.34%，而从事采矿、电讯以及汽修行业的人所占比例甚小。上一段我们提到了工业生产是报道的重点，机械制造业是工业生产中的报道重点，可谓重中之重。结合历史，1958 年是我国第二个五年计划开局之年，彼时社会主义三大改造刚刚结束没多久，社会主义工业化刚开始起步，这些都离不开工业生产和机械制造。

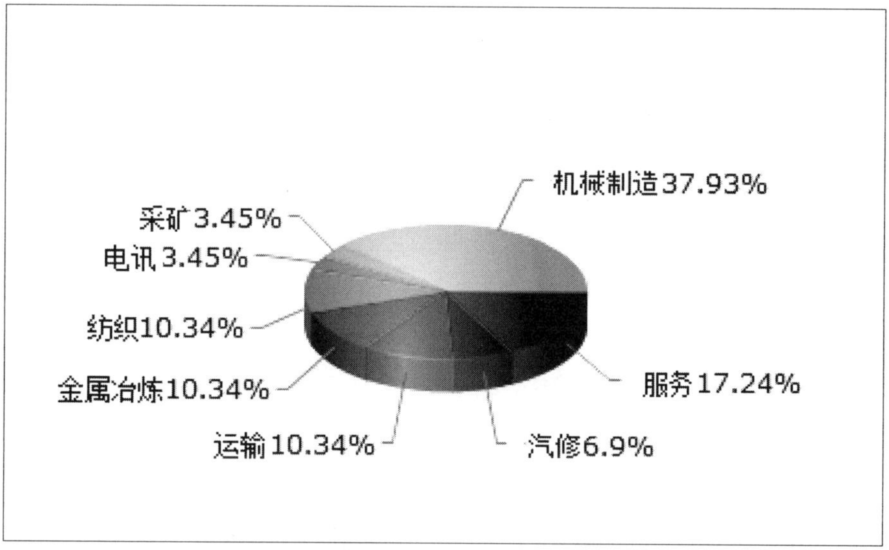

图 3 《人民日报》“光荣的劳动，光荣的人”专栏报道人物从事行业分布

4. 性别指标的量化分析。

图 4 中的数据可以看出，所报道人物为职业男性的比例为 86.21%，远高于女性报道人物的 13.79%。这一比例反映出 20 世纪 50 年代，已经有许多妇女走出家庭，参与到社会劳动的新领域，但是人数尚少。造成这种情况的原因固然是多方面的，但同时也确实反映出当时的社会分工现象，在典型人物图片报道中，报道的妇女典型多从事纺织业、服务业等，男性多从事钢铁、汽车等重体力、重工业领域职业。综上诸多方面的因素导致报道性别的不对称。

图 4 《人民日报》“光荣的劳动，光荣的人”专栏报道人物性别比例

5. 人物所在地指标的量化分析。

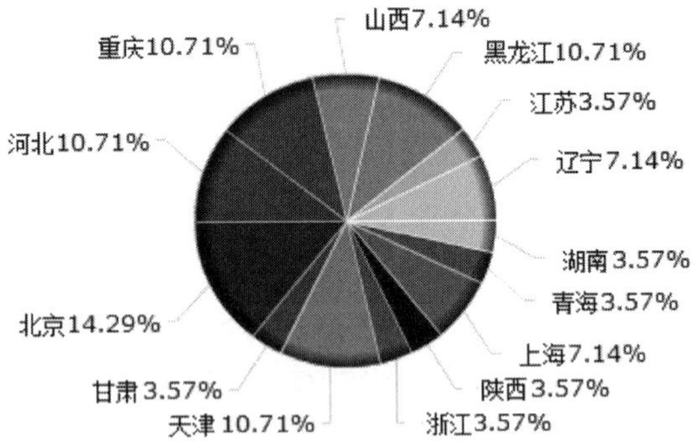

图 5 《人民日报》“光荣的劳动，光荣的人”专栏报道人物所在地分布

受众更关注与自己“接近”的新闻，这种接近主要指地理、心理、利益、年龄等方面的接近。离读者越近、关系越密切的事，就越容易为他所关注。如图 5 显示，二十九名图片报道人物来自十四个不同的省、直辖市，遍布南北，地域上的广泛性会更多地吸引来自不同地域受众的注意，从而提升“光荣的劳动，光荣的人”专栏的宣传效果和影响力。

6. 新闻来源指标的量化分析。

图 6 是“光荣的劳动，光荣的人”专栏的新闻来源分析图。报道有 46.15% 来自新华社，23.08% 来自《人民日报》本报记者，其他新闻来自全国各地报社。

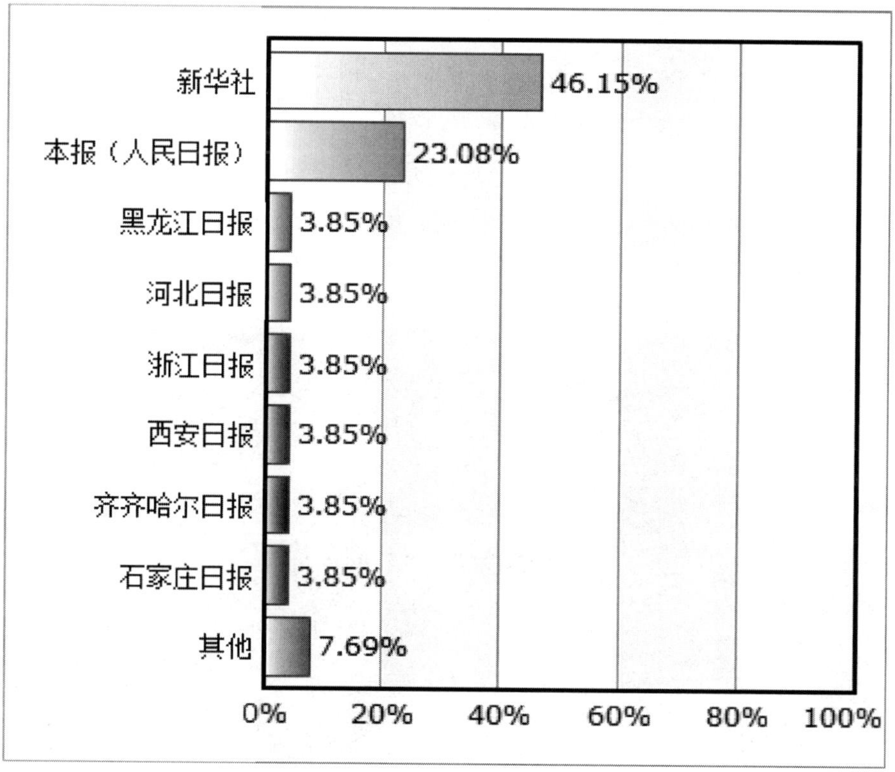

图 6 《人民日报》“光荣的劳动，光荣的人”专栏报道新闻来源

二、1958 年上半年《人民日报》“光荣的劳动，光荣的人”专栏典型人物图片报道反思

1. 要注重用事实说话，扩大正能量的影响力。

1958 年是我国第二个五年计划的开局之年，通过分析发现，“光荣的劳动，光荣的人”专栏在描述人物事迹时，这些新闻图片的文字说明还有许多可以进一步推敲的地方，如 3 月 1 日针对重庆建设机厂铣工廖世刚的报道说明文字中“会议第二天，廖世刚经过深思以后，认为五年工作量的时间还可以缩短……”再如 5 月 10 日针对宁波动力机厂检验员朱德能的说明文字：“去年 10 月厂里开展整风运动，朱德能暗想，螺丝这问题一定要趁这‘风’解决掉，于是她鼓起勇气再提意见……”这些文字说明中的“经过深思”“暗想”等心理刻画描写，值得推敲。此处如有不慎，容易犯“虚构情节”这样的新闻报道大忌。因为新闻图片具有记录历史、反映历史的功能，图片的文字说明对于图片内容具有解释说明作用，在达到图片报道传播效果上具有重要作用。

光荣的劳动 光荣的人

兩個先進青工

重慶建設機床廠青年工人[illegible]（右）最近大膽地革新加工技術，提高工作效率二十八倍，成了全廠工人敬重、評比的標兵。

[illegible]是1953年才進廠的青年工人，現在做的是[illegible]的打眼工作。原來的加工方法是用鑽床鑽眼，一分多鐘才做一件，日產量定額是三百五十件。最近，他打破了不能用衝床衝孔的陳規，大膽地把鑽床鑽孔改為衝床衝孔，日產量迅速上升到一萬零八十件，質量完全符合規格。

廖世剛（左）也是重慶建設機床廠先進青工，今年上半年他積極改革生產技術，使他所管理的車床的生產效率比定額提高了十二倍；最近，他又找到了新的竅門，使生產效率比定額提高了二十五倍，一天能做二十六天的活。

新華社記者　劉詩臨攝

1958 年 3 月 1 日《人民日报》第三版

光荣的劳动 光荣的人

敢想敢幹的朱德能

崔忠明操縱六臺銑床

提高效率125倍

1958 年 5 月 10 日《人民日报》第三版

典型人物报道在新闻图像上，摄影记者要深入现场获得真实的新闻照片，或引用权威、官方的新闻图片，忠实记录反映典型人物学习、生活、工作的照片，不可在现今阶段后期技术发达、后期加工工艺成熟的条件下违背真实性原则而造假；在文字报道上，要准确描述人物事迹，还原人物真实面貌，切忌主观臆想。记者在撰写稿件的时候要注意客观公正，就事论事，不夸大、不贬低，针砭时弊，惩恶扬善，书写真人、真事、真情；要更加注重文字与图片的关系，切忌图文不符，重文字轻图像或重图像轻文字。

用事实说话，讲究客观真实、平衡全面，传播正能量与把握新闻价值结合更加紧密，典型人物事迹经报道后的传播价值才会越大，在民众中产生的影响才会越深刻。报道中高虎臣、陈境仁、李忠钧、苏广铭等模范人物或提高生产效率超额完成任务，或兢兢业业、忠于职守，或以身作则、帮助他人。通过对这些人物的报道，引导了群众树立“劳动者光荣”的理念，进而推动了人人劳动促生产，推动国民经济建设。

2. 要善于运用图片，注重图文并茂，提升传播效果。

1958 年 5 月，中共八大二次会议，正式通过了“鼓足干劲儿、力争上游、多快好省地建设社会主义”的总路线，总路线的提出标志着“大跃进”的开始，但在会议之前不难发现新闻报道中已经出现了浮夸、虚报的苗头和现象，这些苗头和现象一定程度上诱导了摄影记者在为每幅新闻图像的主角拍摄时，刻意地在拍摄角度、拍摄场景中去强调“光环效应”“明星效应”。

遍览 1958 年上半年《人民日报》“光荣的劳动，光荣的人”专栏典型人物图片，可以发现图片无外乎“画像式”的人物头像或是“工作式”的展现人物工作场景。“画像式”的照片多有雷同，没有特色，缺乏吸引力；“工作式”的照片充分展现出模范人物的工作场景和辛勤工作的表现，在一定程度上营造了光环效应，但多次重复使用该类型图片，会使受众感到缺乏新鲜感，渐渐提不起兴趣。

另一方面，部分照片拍摄时构图不合理，拍摄人物背影、主人公不够突出等现象严重；此外，限于当时印刷技术和工业水平的落后等客观原因，图片质量不高，编排不合理，图片大小不一，也是该专栏新闻图像存在的问题。

新闻图像能够有效还原典型人物的生活、工作、学习环境，给读者以真实感、立体感；新闻报道文字描述则进一步让照片中的人物“活”了起来，提升了人物报道的真实性、可读性。在形式上，“光荣的劳动，光荣的人”专栏通过图文并茂的方式进行典型人物报道。在进行典型人物报道时，要注重受众的场景感和体验感，图片的文字描述要进一步阐述人物事迹，从而提升典型人物报道的传播效果。

3. 要注重选材多样，贴近群众，贴近生活。

1958 年上半年“光荣的劳动，光荣的人”专栏报道的二十九名典型模范人物中，三人为干部，其他二十六名为普通工人、服务人员、普通劳动者，这些人占总人数的 89%。这些与普通群众相关的新闻照片与一版、二版等国际图片、领导人照片进行了互补，具有对社会生活进行反映的广泛性，从而扩大典型人物事迹的传播影响效果。

4. 要注重新闻报道的时效性，及时传播正能量。

时效性是新闻价值的首要因素，根据陆定一的定义：“新闻是对新近发生的变动的事实的报道。”只有新鲜的事实，才有可能具有新闻价值。图片新闻报道的时效性则是一大软肋。从这个专栏图片的时效性来说，做得还很不够。

例如华北无线电器厂 213 车间卷绕工潘菱芬的事迹，发生于 1957 年 12 月 3 日，但该专栏报道刊登于 1958 年 1 月 6 日，时隔三十四天；再如河北保定针织厂青年女工牛凤霞的事迹发生于 1958 年 2 月初，但报道却于 1958 年 4 月 3 日进行刊登，时隔两个月。这可能是受到了当时条件的限制，照片的传输过程需要时间，但毕竟影响了图片的时效性，需要加以注意。因为新闻报道时间上的滞后，会使读者无法切身感受新闻事件的发生过程，因而情感体验不会如事件刚开始进展那样强烈，记忆也自然不会那样深刻。

现在已知，当时典型人物的宣传报道需报请上级部门审核，并经过一定的调查和论证，经此之后方可组织收集和整理人物事迹材料等，因而其时效性较差。专栏报道内容的时效性弱，一定程度上导致了新闻价值的缺失，对宣传先进人物的模范带头作用有所影响。因此在典型人物报道中，要更加注重时效性在新闻价值中的位置。

三、结语

《人民日报》作为中国第一大报，在全国乃至全世界都具有强大的影响力。《人民日报》坚持一贯的党性、指导性、权威性，凭借高素质的采编力量，及时、准确、深刻报道国内外重大事件，讴歌先进模范人物，广泛传播正能量，谱写时代精神，赢得了人民的信赖和支持。1958年作为中国现代史上极其特殊的一年，研究这一年典型人物的宣传报道对当下社会的典型人物报道具有重要的指导意义。取其精华，去其糟粕，严谨、恰当、客观地使用新闻图像，坚持新闻报道的真实性原则，图文并茂，贴近群众，贴近生活，从群众中来，到群众中去，正是重要的借鉴所在。

1950年至1953年《人民日报》抗美援朝新闻照片特点分析

刘媛　裴扬

摘要：1950年6月朝鲜战争爆发，10月，中国应朝鲜政府的请求做出“抗美援朝，保家卫国”的重大决定，中国人民志愿军随即进入朝鲜作战。作为中国共产党中央委员会机关报的《人民日报》，即担负起国内宣传的重要任务。本文着重研究1950年至1953年《人民日报》刊登的有关抗美援朝战争的新闻照片，探究特点、分析得失，以启迪后学。

关键词：人民日报　1950—1953年　抗美援朝　新闻照片特点

一、新闻图片分析

本文通过分析自1950年6月25至1953年7月27日，《人民日报》上刊登的关于抗美援朝新闻照片的特点，揭示有本国重兵集团在境外作战时中共中央机关报刊载新闻摄影照片的状况，探讨大规模战场新闻摄影的组织、拍摄和编辑的规律。

（一）样本选择

1950年6月25日至1953年7月27日，《人民日报》有关抗美援朝题材的新闻照片共有六百二十七张，其中体现作战现场的新闻照片共有八十三张，战场后勤保障供应相关照片十九张，反映中朝两国人民支持本国军队作战的照片九十三张，这三类新闻照片占照片总数的比例为

31%。由于此三类照片与抗美援朝战争联系最为紧密，本文对相关数据进行了详细分析。

（二）类目制定

本文共设置了新闻源、版块分布、再现主题三个类目。每个类目下面又有若干细分单元。

1. 新闻源。新闻源即照片出自何处，通过分析六百二十七张样本照片，可将新闻源分为二十五个类别。解读新闻源分布情况，目的是说明战时新闻管制的特殊情况，同时说明战时中国新闻摄影机构的主要构成。

2. 版块分布。指有关抗美援朝的新闻照片位于报纸哪一版面。通过分析可知，关于抗美援朝的新闻照片主要分布于第一、二、三、四、五、六版。解读版块分布数据分析，帮助我们探究《人民日报》关于抗美援朝的新闻照片分布规律。

3. 再现主题。由于本文重在分析与研究抗美援朝作战领域的相关照片特点，因此在总样本中，把关于作战现场、后勤保障、人民支持的相关新闻照片筛选出来并加以分析。其中，“作战现场”指照片内容反应作战实况的新闻图片，“后勤保障”指军队组织实施弹药物资供应、医疗救护、装备维修、交通运输等各项专业勤务保障，“人民支援”指中朝两国人民在人力、物力以及舆论等方面对抗美援朝战争的支持。

（三）各项数据样本量化分析

1. 新闻来源分析。

新闻来源指新闻图片的提供者。从表 1 可以看出新闻来源十分广泛，共有二十五个，分别为：新华社、随中国人民志愿摄影记者、《解放军画报》社、新闻摄影局、匈牙利驻华大使馆、全国妇女联合会、朝鲜中央通讯社驻华总分社、北京电影制片厂、《东北日报》、志愿军政治部、《新闻周刊》、《太平洋论坛报》、《四川日报》、《来自红色中国的报告》、《时代》杂志、《解放日报》、《山西日报》、《西南画报》、《长江日报》、《每日电讯报》、《美国新闻与世界报》、《东北画报》，以及未标注新闻来源。

新闻来源	张数	新闻来源	张数
未标注新闻来源	256	新华社	93
个人	63	解放军画报	53
中国人民志愿军摄影记者	53	新闻摄影局	34
匈牙利驻华大使馆	16	全国妇女联合会	12
朝鲜中央通讯社驻华总分社	12	北京电影制片厂	8
东北日报	5	志愿军政治部	4
新闻周刊	4	太平洋论坛报	2
四川日报社	3	九大媒体	9
注：剩余九张照片分别来自如下九大媒体。包括《来自红色中国报告》、《时代》杂志、《解放日报》、《山西日报》、《西南日报》、《长江日报》、《每日电讯报》、《美国新闻与世界报》、《东北画报》			

表 1　《人民日报》（1950—1953）抗美援朝新闻照片新闻来源分布

由于新闻来源十分广泛，因此，如图 1，作者仅将提供新闻照片总数排名前五位的新闻来源机构或个人加以统计分析。从图中可知，未标注新闻来源类目总数最多，为二十五十六张，占总数比例的 41%；其次为新华社，提供的照片总数为九十三张，占总数比例的 15%；第三为个人提供的新闻照片，其数量为六十三张，占总数比例的 13%。

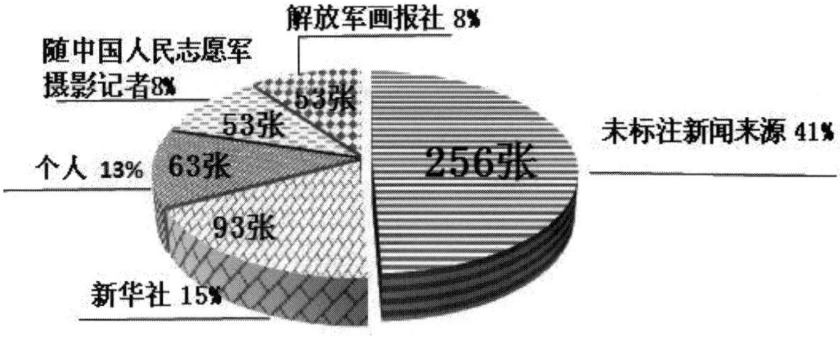

图 1 《人民日报》（1950—1953）抗美援朝新闻照片总数排名前五新闻来源分布

2. 版块分布分析。

版块分布指新闻照片刊登在报纸的哪一版面。如图 2 所示，《人民日报》关于抗美援朝的新闻图片，主要集中在报纸的第四版、第五版、第六版。其中，第四版照片数量为二百二十一张，占所有照片比例的 35%；第五版照片数量为二百一十九张，占所有照片比例的 34%；第六版中照片数量为七十九张，占所有照片比例的 14%。经考证分析，抗美

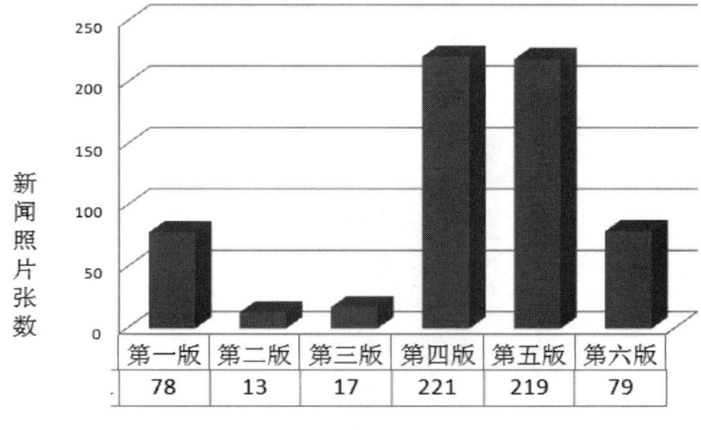

图 2 《人民日报》（1950—1953）抗美援朝新闻照片新闻版面分布

援朝时期，《人民日报》第四版为“抗美援朝”专栏，第五版为《人民画刊》。

3. 再现主题分析。

通过对照片内容的分析，总共将其分为三大类别，即作战现场、后勤保障、人民支持。

（1）作战现场新闻照片分析。

在六百二十七张总样本中，关于作战现场的新闻照片共计八十三张，占总数比例的 13%。以这八十三张照片作为样本进行分析，并将其详细分为三个类别：新闻图片刊登时间、展示作战军种以及新闻图片呈现出的视觉效果。

①新闻图片刊登时间。

图 3 是 1950 年至 1953 年，《人民日报》关于抗美援朝的作战新闻照片的时间分布特点饼状图，由图可以看出，《人民日报》在 1951 年和 1953 年刊登的有关抗美援朝作战现场的新闻照片明显多于其他两个年份，照片数量分别为二十六张和三十三张，占比分别为 33% 和 39%。1950 年和 1952 年刊登的相关新闻照片总数远不到四年总数的一半。其中，1952 年的新闻照片数量最少，只有八张。

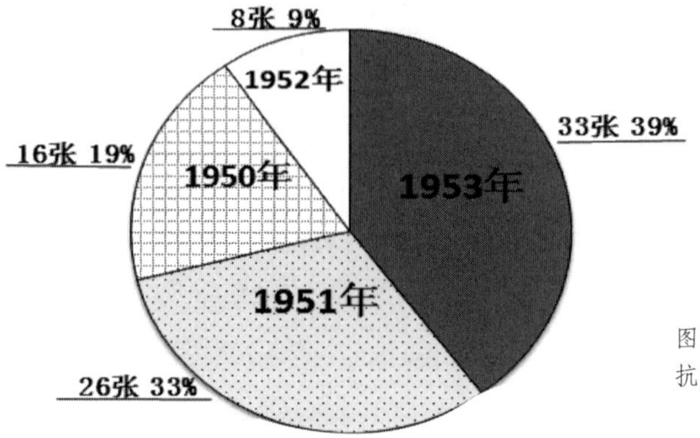

图 3 《人民日报》（1950—1953）抗美援朝新闻照片刊登时间分布

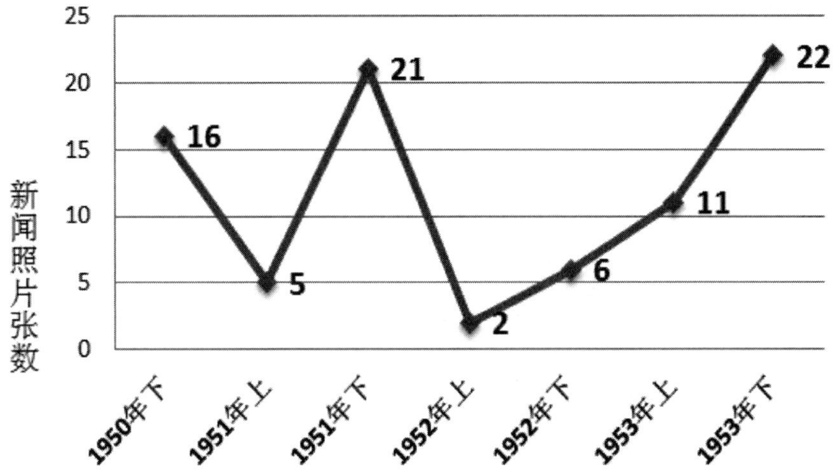

图 4 《人民日报》(1950—1953)抗美援朝新闻照片刊登时间变化

图 4 是 1950 年至 1953 年间，以半年为单位制作的《人民日报》关于抗美援朝的作战新闻照片的时间分布特点曲线图。由图可以看出，1950 年至 1952 年上半年，《人民日报》有关抗美援朝的作战新闻照片刊登数量没有明显的规律，且波动较大，在 1952 年上半年达到最小值——两张。而在 1952 年上半年到 1953 年下半年，新闻照片刊登数量有明显的上升趋势。在 1953 年下半年达到最大值——二十二张。

②作战军种。

如图 5 所示，就再现主题而言，通过分析《人民日报》在选定时间内关于抗美援朝作战现场报道的新闻图片，可将其作战军种分为陆军、海军、空军。从图中不难看出，关于陆军的新闻照片数量最多，共七十五张，占照片总数比例 90%，海军与空军新闻照片数量分别为五张、三张。

通过对作战军种这一维度进行分析，可以得出，在抗美援朝时期，战地照片以陆军作战为主，这一统计与历史情况相吻合。官方数据显示，志愿军先后入朝部队中，派有步兵二十七个军、炮兵十五个师、坦克兵三个师等，数量为入朝部队全部陆军的 70%；相较而言入朝空军为十二个师，即中国志愿军在陆军方面投入的兵力较多。

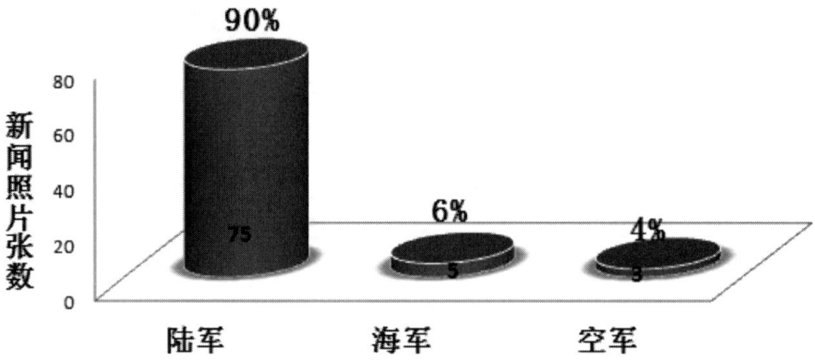

图 5 《人民日报》（1950—1953）关于抗美援朝作战现场新闻照片再现主题中作战军种数量、比例分布

③视觉呈现效果。

“视觉效果”指由于对照相机镜头的焦距和拍摄距离的选择不同，所形成的画面空间差别以及产生的不同的艺术效果。

本维度划分中，将视觉效果分为全景、远景、中景、近景。全景用来表现场景的全貌或人物的全身动作，用于表现人物之间、人与环境之间的关系；远景指将镜头对准远处的目标取景，是各类景别中表现空间范围最大的一种；中景指画框下边卡在膝盖左右部位或场景局部的画面；近景指拍到人物胸部以上或物体的局部。

如图 6 所示，关于作战现场的照片中，采取近景呈现方式的新闻照片数量为三十二张，占照片总数比例的 39%；其次的呈现方式为中景，共有三十一张，占总数比例的 37%；远景和全景的照片数量分别为十二张、八张，占照片总数比例的 14% 和 10%。

不同的景别会产生不同的效果，所谓“近取其神，远取其势”表现的就是这层意思。通过数据可知，作战现场的照片拍摄，近景呈现方式最多，这是受到近景拍摄所形成的视觉效果所影响的。由于近景的空间特征是主题形象所占比例大，环境占据比例小，整幅画面具有紧凑感，主题的视觉强烈，因此近景画面适合刻画人物的情态、表达人物性格特征和内心世界。作战现场的图片，采用近景拍摄的呈现方式，准确地表现了战士们英勇作战、保家卫国的形态与情感。

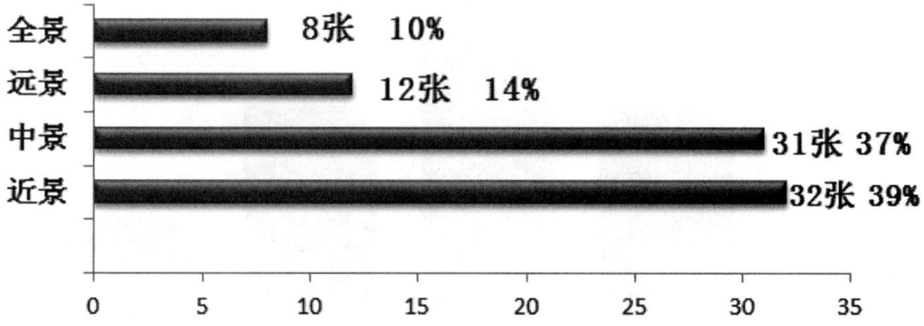

图 6 《人民日报》（1950—1953）关于抗美援朝作战现场新闻照片视觉效果呈现数量分布

（2）后勤保障新闻照片分析。

在关于抗美援朝六百二十七张新闻照片总样本中，关于后勤保障的新闻照片共计十九张，占总数比例的 3%，表明在抗美援朝战争中志愿军对后勤保障的重视和依赖。根据新闻照片内容，本文将后勤保障分为四大类目：技术后勤、卫生医疗后勤、物资后勤和其他。“技术后勤”指通过工具、经验、理论上的帮助支持抗美援朝战争的顺利进行的新闻照片，例如表现后勤工作人员进行交通工具、交通要道维修的照片；“卫生医疗后勤”指医务工作者通过在医学方面的救助，保障作战人员健康质量的新闻照片，例如医务后勤工作人员进行前线医疗救助的照片；“物资后勤”指经过后方生产获得劳动产品，以保障抗美援朝顺利进行的新闻照片，如志愿军、朝鲜人民军进行生产的照片；“其他”指无法进行分类的新闻照片。

其中，展现卫生医疗后勤的新闻图片数量最多，为七张，占总数比例的 37%；其次，重在表现技术后勤和物资后勤的照片，其张数均为五张，占总数比例的 26%；其他类目为两张，占总数比例的 11%。

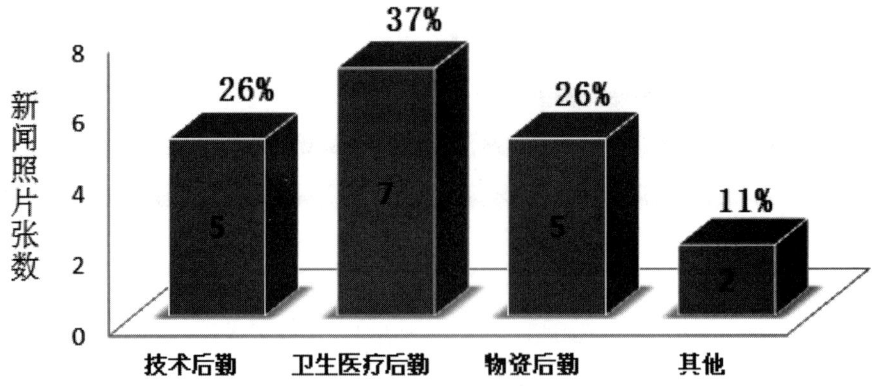

图 7 《人民日报》（1950—1953）抗美援朝新闻照片关于后勤保障新闻照片数量分布

（3）人民支援新闻照片分析。

“人民支援”主要包括物力、人力以及其他方面的支援。其中“人力支援”指通过组织人员劳动和投入工作，以帮助和保障中朝两军对敌作战顺利进行，如中朝两国人民在后方为军队进行生产，以及两国人民为支持抗美援朝战争而进行的舆论宣传活动；“物力支援”指通过后勤输送方式将物资提供给中朝两军，以支持战争进行下去；“其他”指无

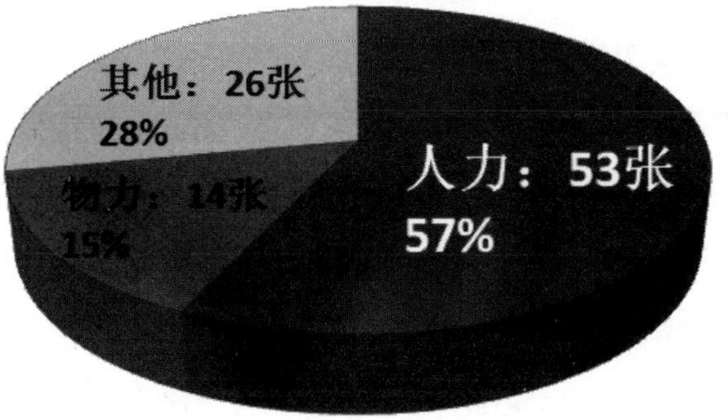

图 8　《人民日报》（1950—1953）有关抗美援朝的新闻照片中“人民支援”内容数量分布图

法划入前两类的新闻照片。由图 8 可以看出，在 1950 年至 1953 年《人民日报》关于抗美援朝的作战新闻照片的“人民支援”主题中，国内人民的“人力”支援的新闻照片数量最多，有五十三张，占总数的 57%；“物力”支援方面的新闻照片数量为十四张，占总数的 15%。

二、《人民日报》（1950—1953）抗美援朝新闻照片特点分析

（一）新闻照片发挥了积极的宣传作用

《人民日报》在抗美援朝期间开展了全面的宣传活动。《人民日报》在对志愿军和人民军的作战行动、后勤保障、人民支援前线以及美军失败等方面都刊用了为数可观的新闻图片。同一时期，对志愿军和人民军的战争损失一般不作报道。这是战时新闻报道通常遵循的规律。《人民日报》通过积极的战争宣传，使全国人民增强了对抗美援朝战争胜利的信心，从而积极生产、捐资捐物、参军参战，为志愿军提供了强有力的支持，这是战争胜利的重要保障。

（二）新闻照片选材角度独特

图片报道的真实性和直观性强，常常是文字报道难以企及的。分析抗美援朝时期《人民日报》刊登的有关图片新闻，与中华人民共和国成立之前《人民日报》的版面进行对比，可以发现党中央机关报上图片新闻所占比例大大增加了。这其中，有关抗美援朝战争的摄影报道又占了很大的比例。中华人民共和国成立以后，图片新闻已经是《人民日报》版面上必不可少的有机组成部分。从此以后，任何一个有一定时间持续性的事件，都必然有新闻摄影报道。在这方面，国内报业中，《人民日报》对抗美援朝的图片报道是当时做得比较好的一份报纸。

（三）新闻照片突出爱国主义和革命英雄主义精神

《人民日报》在报道抗美援朝战争时，注意挖掘中朝两国人民在战争中坚强自立、团结协作的精神，重点树立了一批志愿军战斗英雄和国内支援战争前线的先进人物典型形象。在报道朝鲜和我国东北人民遭受了美军的袭击和戕害时，注意把握尺度。《人民日报》在抗美援朝的新闻照片中有一部分照片报道朝鲜人民遭受了战争创伤，仍然积极重建家园、积极生产、顽强生存的。如图 9 所示，是志愿军在战斗间隙帮助朝鲜人民打场。

每一场战争都会涉及交战国家每一个普通的民众，有战争就有流血牺牲，有家园毁灭，也有苦难挣扎。《人民日报》的编辑方针，着意于使新闻照片转化读者的阅读情绪，将对生命的尊重、对爱国主义和革命英雄主义精神的赞颂，贯穿在战争报道之中，从战争中挖掘人性视角，从人性的角度给战争中的人们以心理上的慰藉。对于战争创伤的报道，不占主要地位。

（四）新闻照片展现了摄影记者的敬业精神

战争中的流血牺牲是无法避免的，在战场上冒着流血牺牲危险的除

图 9　1951 年 1 月 10 日《人民日报》第五版

了作战的军人以外就是战地记者了。战地摄影记者肩负着定格战场景象以形象反映新闻的任务。战地记者一是必须具有不怕死、不怕苦的献身精神。20 世纪著名的战地记者之一罗伯特·卡帕说:“如果你拍得不够好，那是因为你靠得不够近。”在战争中要拍出好的照片就必须置身战场。战地摄影记者必须冒着枪林弹雨在战场穿梭，拍摄珍贵的战场镜头。二是要有高超的摄影技术，能够抓住最真实、最摄人心魄的瞬间，并将其定格在他们的相机里、文字里。如图 10，通过这些战火纷飞的照片以及照片的拍摄角度和内容，都证明摄影记者亲临战场，距离战火非常近。这些新闻照片让人们看到了中朝军人浴血奋战的情景和两国人民不屈不挠的精神，也认识到了抗美援朝战争的艰巨性和残酷性。

图10 1951年10月24日《人民日报》第五版

三、结语

在抗美援朝战争中，中共中央机关报《人民日报》对国内读者发挥着重要的舆论引导作用，通过文字和图片报道，丰富了信息内容，鼓舞了国内人民积极支持战争。在《人民日报》上刊载比较大量的新闻图片报道，是党中央机关报过去在革命战争年代因条件限制未能实现的，这一点在抗美援朝战争中得到了长足的改进和发展。《人民日报》刊登宣传抗美援朝战争的大量图片报道，在当代报刊发展史上具有积极意义。这些新闻照片，对加强《人民日报》在抗美援朝中的宣传动员起到了积极的作用，对现代新闻媒体在战时新闻操作规范方面也做出了重要的探索。

《人民日报·我们伟大的祖国》创办初期摄影专栏特点

韩立新　王鑫　王帅

摘要：中华人民共和国成立初期，《人民日报》极为重视图片在新闻报道和宣传工作中的作用。1951 年，《人民日报》在报眼的位置开设了摄影专栏《我们伟大的祖国》，每天刊登一幅摄影作品，题材涉及政治、经济、文化生活等广泛领域，本文通过对《我们伟大的祖国》摄影专栏创办初期（1951 年 1 月至 1951 年 6 月）的图片进行抽样总结，对其图片内容及专栏文字说明进行研究，并总结该栏目创办初期的特点。

通过抽样研究笔者发现，《人民日报·我们伟大的祖国》在创办初期，通过摄影图片展示了新中国的新面貌和中国博大精深的文化。同时，该栏目摄影图片多取自于普通人的生产生活，反映了当时新中国人民生活的变化，具有一定的宣传作用和效果。

关键词：人民日报　我们伟大的祖国　摄影

一、《我们伟大的祖国》摄影专栏概述

中华人民共和国成立初期，中国社会各行各业和人民的生活发生着翻天覆地的变化。作为中国共产党中央委员会机关报的《人民日报》，决定充分使用图片反映这一变化，鼓舞人民建设社会主义的热情。在这一编辑意图的指导下，当时《人民日报》的新闻报道较普遍地使用了图

片这一表现形式。《人民画刊》等摄影专栏，就是在这种情形下开办的。

《人民画刊》摄影专栏从 1951 年 1 月 1 日开办，至 1956 年 6 月 30 日结束，历时六年，其间每天刊登一幅摄影作品，编排在《人民日报》的报眼位置，十分醒目，主要表现中华人民共和国成立后，我国政治、经济、文化生活、国家风貌等方面发生的变化，以及我国的历史、著名建筑等方面的内容。该专栏分为两个阶段，第一阶段为 1951 年 1 月 1 日至 1955 年 12 月 31 日，这期间，专栏使用“我们伟大的祖国”栏头，刊发一千八百二十六期；第二阶段为 1956 年 1 月 1 日至 1956 年 6 月 30 日，这期间，专栏不再使用“我们伟大的祖国”的栏头，但仍沿袭《我们伟大的祖国》摄影专栏的排版形式，共刊登一百八十二期。

二、《我们伟大的祖国》摄影图片项目统计及分析

（一）样本选取

《我们伟大的祖国》摄影专栏自 1951 年 1 月 1 日至 1956 年 6 月开办期间，共刊登图片两千零八幅。因信息量巨大，本研究选择了创刊初期（1951 年 1 月—6 月）的摄影图片作为研究对象，同时由于年份已久，查询资料部分缺失，共计抽取一百七十五个图片作为分析样本。

本研究从图片内容、图片说明文字两个方面对抽取的样本进行了分析。

（二）统计项目制定及分析

根据《我们伟大的祖国》摄影专栏的特点，本研究主要从图片内容以及图片说明两个大的方向进行分析。按照图片所呈现内容的不同将研究对象分为景物和人物两大类，景物类图片中又细分为古代工艺、绘画作品、建筑、自然风光等类型，人物类图片分为个人、群体两类，群体类图片又细分为政治、经济、社会文化、抗美援朝四类。笔者通过对图

片内容的分类、分析以及对图片说明的分析，总结该栏目创办初期的特点。

同时，《我们伟大的祖国》专栏排版形式较为单一，全部统一发布于《人民日报》的报眼位置，每期都含有题目、摄影图片以及图片说明，所以对该专栏的排版形式不再进行研究。

1.《我们伟大的祖国》摄影专栏图片内容分析。

（1）景物图片分析。

该专栏样本图片涉及景物类内容的共有五十五张，占到了总样本的31.4%，根据图片内容，笔者将景物类样本分为古代工艺、绘画作品、建筑、自然风光、其他五大类。如图1所示，在统计的景物图片中，内容表现建筑的最多，其次为自然风光，内容为绘画作品的最少，这与栏目的最初定位有很直接的关系。在该栏目创办初期，景物图片的选择主要以表

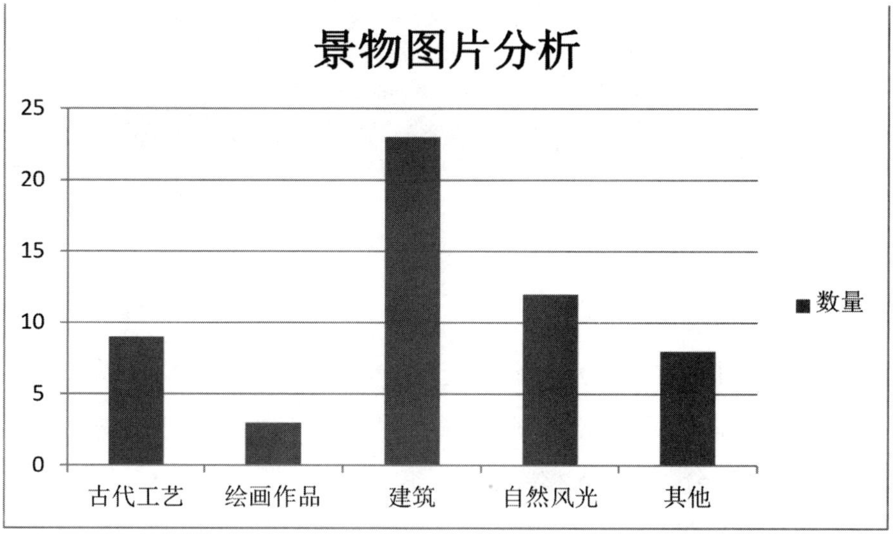

图1

现中国的历史古迹、大好河山为主，起到振奋人心、增强国人自豪感的作用。如图 2，这是该栏目 1951 年 2 月 9 日刊登的一幅图片，图片中的建筑为天坛，这是我国古代杰出的建筑作品，该图所配图片说明也详细地介绍了天坛的建筑工艺。

我們偉大的祖國

北京的天壇建築於一四二〇年，封建帝王每年冬至節到這裡祈求五穀豐登。這個祈穀壇是天壇的主要部分，用白石砌成，雕琢精美。壇上祈年殿是圓形的三層高殿，上蓋青琉璃瓦，殿中大棟間，用方木交織，刻着花紋，施以彩色，和水藻一般，名叫「藻井」。這是非常精巧的建築藝術。

图 2

（2）人物图片分析。

《我们伟大的祖国》摄影专栏创办初期刊登的作品中，绝大多数都会有人物形象，人物形象让图片显得生动和有活力。根据样本内容，笔者将人物图片分为了个人和群体两大类。

通过图 3 可以看出，在样本中，人物图片中表现个人内容的较少，主要以表现群体的内容较多。

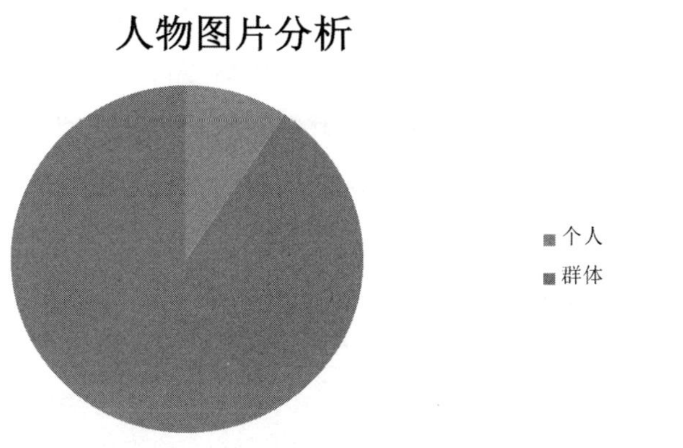

图 3

①表现个人的人物图片分析。

笔者将表现个人的人物图片分为男性、女性以及古代人物，如图 4，男性个人图片为五张，女人个人图片为六张，略高于男性图片。在表现女性的图片中，内容多体现女性在中华人民共和国成立后的工作、生活

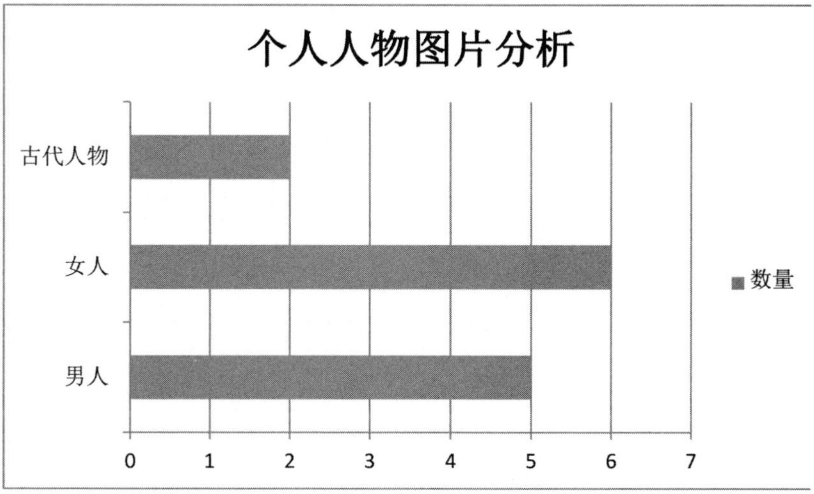

图 4

新面貌。笔者认为，这与当时的社会背景有紧密的联系。中华人民共和国成立后，女性地位不断提高，更多女性受到社会关注，成为新的社会风尚。如图 5，该图片刊登于 1951 年 1 月 26 日，图中一个妇女手捧一本书，表达了中华人民共和国成立后农村劳动妇女在教育方面的改变。

图 5

而通过样本分析发现，男性的图片多表现其在工农业方面的成就，样本中的两个古代人物分别是顾炎武和屈原，这两名人物都是古代著名的爱国主义者，刊登图片的日期也分别是这两个人物的忌辰。

②表现群体的人物图片分析。

表现群体的图片样本在所有样本中所占比例较大，共有一百零七幅。笔者将表现群体的人物图片分为政治、经济、社会文化和抗美援朝四类。如图 6，政治类群体图片为十五张，经济类群体图片为四十九张，社会文化类群体图片为二十九张，以表现“抗美援朝”为主要内容的图片为十四张。

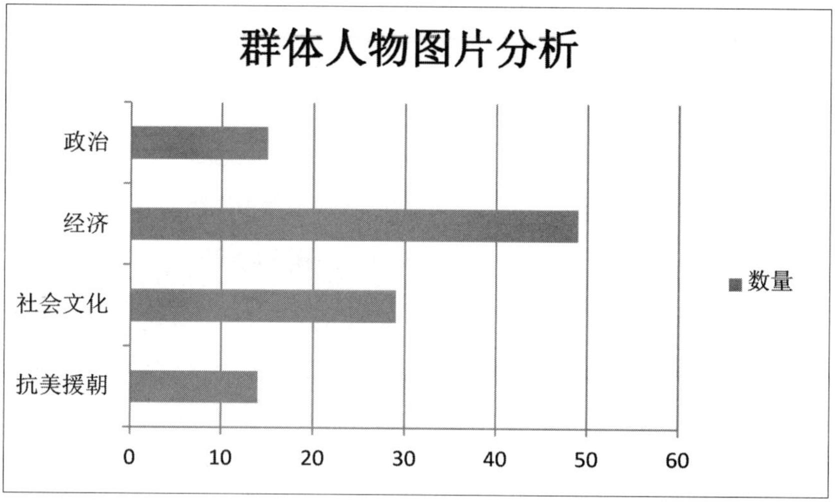

图 6

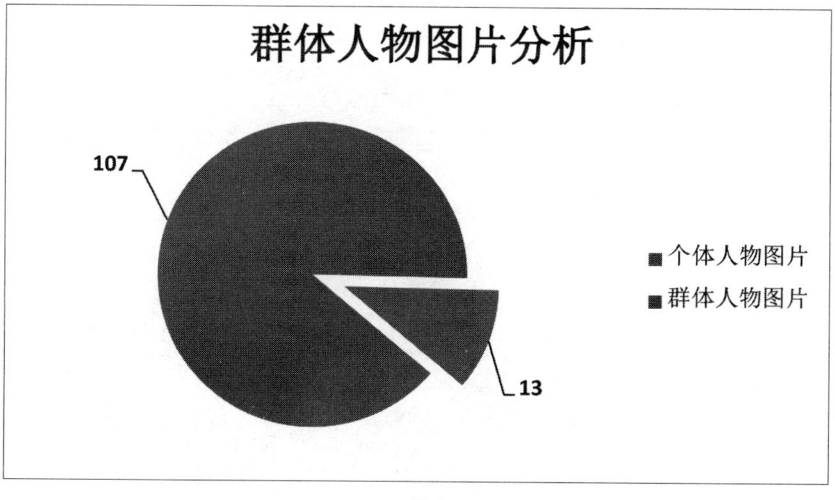

图 7

政治类人物群体图片共十五张，记录并展现了中华人民共和国成立初期人民进行拥政爱民运动、铁道工人大游行、农民庆祝翻身做主人等喜悦情景，描绘出一幅幅生动的人物群像。这些图片的人物主体涉及工人、农民、国家领导人等各个阶层。不仅有表现男性群体的图片，也有以女性群体及儿童作为主要表现人物的图片。这类图片所表现的人物阶层及人群种类多样而丰富。图片中洋溢着人民对中华人民共和国成立的欢欣鼓舞，对国家领导人的崇敬爱戴，对新社会新变化的喜悦欢庆，对侵略者逆行倒施的痛恨抵制。图片将中华人民共和国成立后国家在政治方面的新变化真实地反映出来。女性的地位得到提升，女性在政治事件中的作用和影响受到重视。如图 7 就展现了女工争相签名拥护五大国缔结和平公约的情景。中华人民共和国是一个统一的多民族国家，各民族平等团结友爱，其中一些图片生动地反映了中华人民共和国成立后的这一政治局面。如图 8 记录了中华人民共和国成立后各民族团结友爱的美好情景。

我們偉大的祖國
最近全國各地各界人民，紛紛集會，對日本問題舉行投票，並簽名擁護五大國締結和平公約。這是華北紡織管理局所屬天津國營第四棉紡織廠的女工們正在爭先簽名的情形。

图 8

经济类人物群体图片在总体样本中所占比重较大，共四十九张。图片反映了中华人民共和国成立后农业生产、工业生产的情况，记录了农村进行土地制度改革后的生产生活情况，社会各界为支援抗美援朝开展爱国主义生产竞赛的情况。这些图片生动地记录下了中华人民共和国成立初期我国的工农业生产情况、经济发展情况及经济结构，具有鲜明的时代色彩。中华人民共和国成立初期，无论是工人还是农民都具有极强的生产积极性，对新社会带来的新变化感到欢欣鼓舞，积极投入到生产中去，并取得了一定的成绩。特别是中华人民共和国成立初期的土地制度改革，得到了农民的热烈响应，并使我国的农业生产焕发出了新的生机。如图 9 就反映了农民在土地改革后过上丰衣足食生活的真实情景。

图 9

社会文化类人物群体图片共二十九张。中华人民共和国成立后人民得到解放，物质生活得到丰富，精神文化生活也愈加丰富多彩，这些图片就记录下了中华人民共和国成立初期人民丰富充实的社会文化生活情况，反映了当时中国良好的社会文化氛围。这些图片记录男性、女性以及儿童参与社会文化生活的景象，他们或休闲娱乐，或义务劳动，或读书受教育，一个个人物群像构建出了中华人民共和国成立初期积极向上、健康淳朴的社会文化环境。中华人民共和国成立后教育逐渐得到重视。设置正规大学、重视幼儿教育，这都是新中国的新气象。而女性受教育的权利也得到肯定，如图 10 就记录了女性上课时的一幕。

图 10

记录抗美援朝相关情况的人物群体图片也有十四张。1950 年 10 月，我国做出了“抗美援朝、保家卫国”的重大历史性决策，并组织中国人民志愿军帮助朝鲜打击侵略者。抗美援朝战争是中华人民共和国成立初期的一件“大事”，在我国历史意义重大。《我们伟大的祖国》这一专栏也必然刊载记载此事件的图片。这些图片记录了中国军人在战争中的光荣形象，歌颂了在抗美援朝战争中做出贡献的英雄人物，赞美了积极参军的“英雄儿女”，肯定并鼓励了人民为支援前方捐款捐物的行为。如图 11 就记录了中国人民志愿军在战场上的英雄形象，并歌颂了他们的坚强意志和伟大贡献。

图 11

2.《我们伟大的祖国》摄影专栏文字说明分析。

（1）图片文字说明形式。

《我们伟大的祖国》摄影专栏创办初期，所刊登的作品中的每幅图片都配有文字说明，因栏目位置较为特殊、版式较为固定，所以图片文字说明形式也较为单一。在所选取的样本中，“我们伟大的祖国”栏目名称都位于图片的右侧，图片文字说明位于图片的左侧或者下侧。

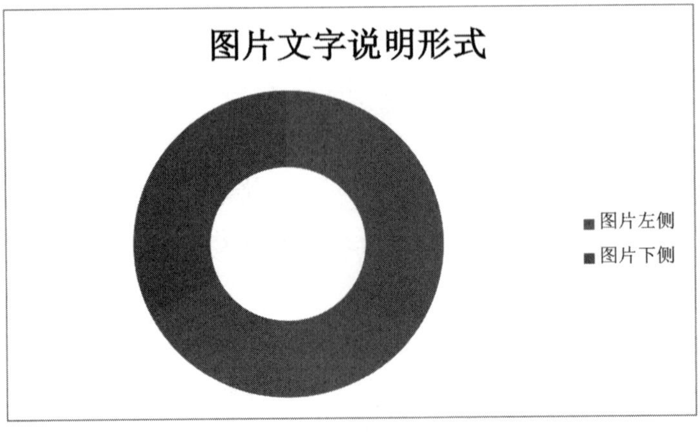

图 12

如图 12 所示，所选样本中图片文字多位于图片的左侧，以竖版的形式呈现，阅读需从右至左。图 13 分别是 1951 年 3 月 9 日和 1951 年 6 月 26 日刊登的两幅图片，图片所附的文字说明分别位于图片下侧和左侧。而 1951 年的《人民日报》新闻排版形式还都是竖版，笔者认为，该栏目创新性地使用横版的文字排版形式，为 1956 年《人民日报》排版形式变化进行了前期实践。

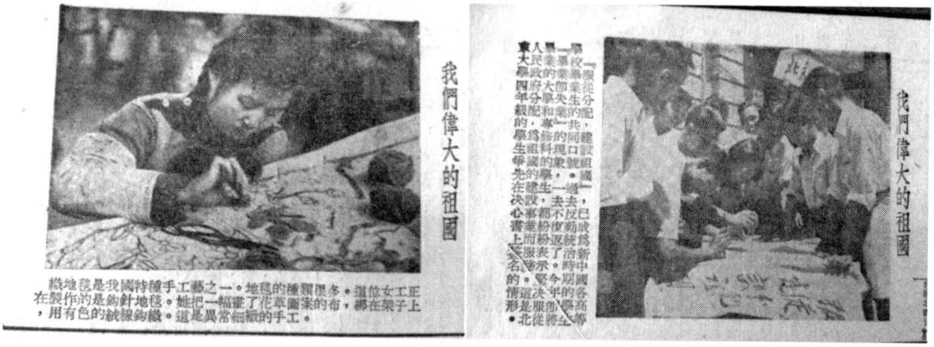

图 13

（2）图片文字说明内容。

《我们伟大的祖国》摄影专栏创办初期所刊登的作品，图片文字说明大多非常简短，少则十几个字，最多不到两百个字，从抽取的样本来看，图片文字说明，通常会以介绍大背景为开头，然后再介绍图片的内容。同时，因为党报的性质以及时代背景等因素影响，该栏目所配图片文字多表现正能量，表现人民对于中华人民共和国成立、人民解放、人民当家做主的欢喜，具有明显的倾向性和引导性。

如图 14 所示，这是 1951 年 5 月 12 日刊登的一幅图片，图片中一名男子正扛着农作机械，图片文字首先介绍了图中人物的姓名和身份，继而介绍了他领导劳动互助组的先进事迹，对全国农村组织劳动互助组起到了带头作用。

图 14

三、《我们伟大的祖国》摄影专栏创办初期的特点

《我们伟大的祖国》摄影专栏创办初期的许多图片已成为珍贵的历史资料，穿越历史的时空，今天来看，它有着那个时代的鲜明特点。

（一）关注建设成就，展示新中国的新面貌

1951 年，中华人民共和国成立初期的各个领域都发生着重大的变化，倍受世界瞩目。《我们伟大的祖国》摄影专栏既有鼓舞人民建设祖国热情的目的，也有向世界展示新气象的意图。专栏虽然排版形式单一，但选题广泛，除了刊登中国著名的古代建筑、发明和自然风光外，也充

满热忱地向全世界展示一个全新的中国。

专栏充分展现了中华人民共和国成立初期我国在工业、农业等领域取得的新成就，记录了新中国人民生活水平和各行各业展现的新面貌，如图 15 是 1951 年 6 月 21 日刊登的一幅照片，图中一个收割机在收割小麦，表现了中华人民共和国成立后我国农业机械化的发展。

图 15

（二）用普通人物生产生活细节反映社会变化

《我们伟大的祖国》摄影专栏着力于表现普通人物，通过普通人物的生产生活中的细节反映社会的巨大变化，给读者以亲切亲近之感（如图 16）。即使是重大事件，摄影记者的镜头也常常对准普通百姓（如图 17）。

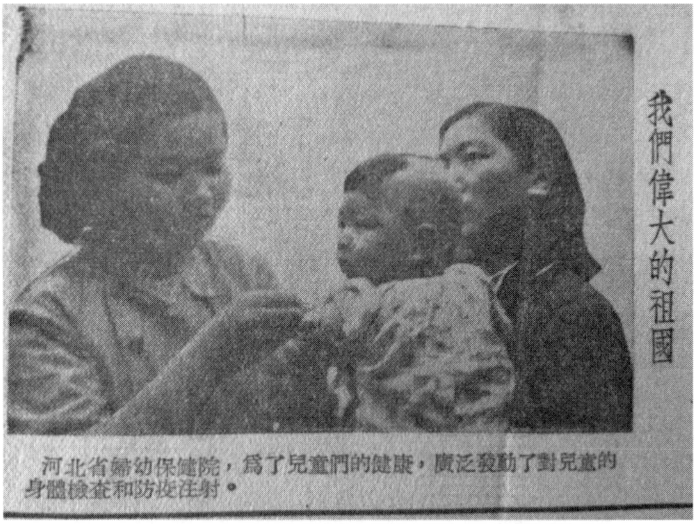

图 16

如图 16 所示，图中一位母亲抱着自己的孩子，孩子正在接受防疫注射。这张照片选取了河北人民生活中非常普通的一个细节，但却反映了中华人民共和国成立后人民生活健康水平的提高以及国家对于卫生事业的重视。此类角度的图片贴近实际生活，能够引起读者的广泛认同。

图 17

如图 17 所示，1951 年“五一”劳动节之际，北京石景山某工厂的工人为了庆祝劳动节，开展了抗美援朝爱国主义生产竞赛。这幅图片具有一定的政治意义，同时具有非常明显的时代印记，记录下了“五一”劳动节与抗美援朝的双重事件。

（三）宣传政策、群众态度与传播主流价值观的有机统一

《我们伟大的祖国》摄影专栏紧跟当时国内的政策走向，通过场景和人物解读政策，对党和政府的主张和观点进行了生动的宣传。从栏目作品整体来看，它始终如一地贯穿着热爱和建设祖国和新社会的主题思想，它的重要性、显著性、接近性和时新性都充分地体现了这一主题所赋予的内涵。如选取样本中，为了配合抗美援朝，该栏目对朝鲜战场以及国内对于朝鲜战争的支持进行较为频繁的报道，以多角度反映群众积极参与保家卫国及国家建设的情形。

《人民日报·我们伟大的祖国》摄影专栏开办五年半时间，共刊登两千余张图片，生动地记录了那个火热的时代，成为人们研究历史的珍贵资料。

四、结语

《人民日报》是中国共产党中央委员会机关报，自创立之初就在宣传先进事迹、弘扬民族精神、团结广大群众等方面发挥着重要作用。《人民日报》重视图片在新闻报道和宣传工作中的作用。1951 年开设的摄影专栏《我们伟大的祖国》记录了中华人民共和国成立初期多方面、多领域的生动情景。这一专栏善于用普通人物生产生活细节反映社会变化，展现了我国政治、经济、文化、军事、社会生活等方面的新变化、新风貌、新成就。同时，起到了积极的舆论导向作用，积极正面的报道鼓舞

了民众的生产建设热情、激发了民众的爱国爱党之情。《我们伟大的祖国》专栏的创办在当时起到了重要积极的作用，同时也是我国党报历史在新闻事业上的一大创举，对我国纸媒的完善与发展起着积极的推动促进作用。

为历史照片附上文字背景

钱　江

本集共有中华人民共和国成立后曾在《人民日报》摄影组（部）工作过的摄影记者口述十五篇，另有介绍高粮、吕相友和阙文的三篇专稿，是通过对他们家人的访问和收集相关文字资料撰写的。除将发表于《新闻战线》的《人民日报摄影队伍的创建》一文作导言外，还将李文辉前辈关于《人民日报》印刷新闻图片的回忆口述作附录收入。

从 2011 年底开始，我们集中力量收集《人民日报》历史照片。重点分两个方面，一是在革命战争年代参加过《人民日报》工作的前辈们保存的照片，这些照片因为其早和其少而尤显珍贵。这部分照片，我们共收集到二百多张，并作了相应的口述史整理，在 2012 年由人民日报出版社出版了“人民日报口述历史”第一卷《战火染红青春岁月》。

向专职摄影记者们收集照片则是第二个重点。

在 20 世纪 80 年代以前，照相机始终是稀罕物品，文字记者们很少拥有，因此专职摄影记者拍摄的图片占了这一阶段历史照片的很大部分。收集的结果也表明，他们拥有的历史照片多，而且质量较高。

我们的照片收集工作得到了这些摄影记者（其中不少是我们的新闻前辈）的大力支持。两年来，大约征集了上千张照片。

照片是对历史的瞬间形象定格。但仅有形象定格还不够，需要文字说明，还需要对照片拍摄环境乃至拍摄者本人经历的说明。这有助于人们全面地理解历史照片。因此，我们在征集这些照片的同时，也对照片的提供者做了口述史记录。

这个文集就是这样产生的，摄影记者本人口述是这部文集的主体。

在《人民日报》摄影组工作过的革命前辈，健在者年事已高，我们抓紧时间完成了口述。在战争年代参加革命的前辈高粮和吕相友，都是中国著名摄影记者，影响很大，在《人民日报》摄影队伍的建设和发展中做出了很大贡献，两位前辈的家人都提供了很珍贵的照片。他们的历史需要及时记述，因此我们在访问家人和收集相关资料的基础上，专题撰写了介绍他们的文章。

在中华人民共和国成立后进入《人民日报》美术组担任图片编辑的阙文，拍摄了《人民日报》摄影史上第一张印刷量超过五百万张、产生了很大影响的照片《我们热爱和平》。后来他成为一名电影导演。虽然阙老已经辞世，因为他在《人民日报》任职期间拍摄的这张照片社会影响巨大，我们也依照前例撰文做了专题介绍。

本集以口述人和传主的生日排序，止于 1949 年 9 月中华人民共和国成立。

唯一例外的是纳一前辈的口述排序。由于老前辈年事已高，许多记忆逐渐模糊，他在回忆中提供的材料比较少，前后不够连贯。他在《人民日报》工作几年后就调往新华社，主要工作是在新华社完成的。考虑到这些因素，将他的口述排列在第三的位置。

口述是在本人记忆的基础上完成的。由于他们年事已高，回忆时可能出现某些误差，尽管我们再三核对，仍难以完全排除。今后会有新的史料出现以资参照。

田玉香负责这部文稿集的组织和初审，做了大量工作，终克于成；王爱民、李伟、李京立对全部文稿进行了编排和校对，在工作中提出了许多建设性意见；朱悦华、方红、张海萍、李伟等直接投入了口述整理；

刘泉友、靳建疆参加了部分工作；我对全部文稿作策划统筹并最后编审。

全部工作进行了两年多。在收集摄影记者珍贵照片的同时，汇集和整理他们的口述，不但有助于理解数以千计的《人民日报》历史照片，而且也是《人民日报》摄影史的一项基础性工程。前辈筚路蓝缕以启山林，后之来者更加努力，发扬优良传统，不断创新，才会创造新的辉煌。

是以为后记。